DIBUJAR EN 10 PASOS

figuras humanas

Título original: *10 Step Drawing – Figures*

© 2025 Librero b.v. (edición española)
www.librero.nl

© 2025 Quarto Publishing plc

Responsable editorial: James Evans
Dirección editorial: Anna Southgate, Isheeta Mustafi
Dirección de arte: James Lawrence
Edición ejecutiva: Jacqui Sayers
Editor principal: Dee Costello
Edición del proyecto: Dominique Page
Diseño: JC Lanaway

Producción de la edición española:
Traducción: Elena Ordeig Vila
para Delivering iBooks & Design
Redacción y maquetación:
Delivering iBooks & Design, Barcelona

Distribución exclusiva de la edición española:
Librero IBP S. L.
C/ Paseo de los Olmos, n.º 20
Planta 1.ª, Oficina 7
28005 Madrid, España
www.librero-ibp.es

Impreso en China

ISBN: 978-84-1154-072-8

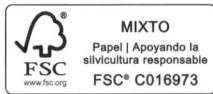

DIBUJAR EN 10 PASOS

figuras humanas

CÓMO DIBUJAR MÁS DE 50 POSTURAS EN SOLO 10 PASOS

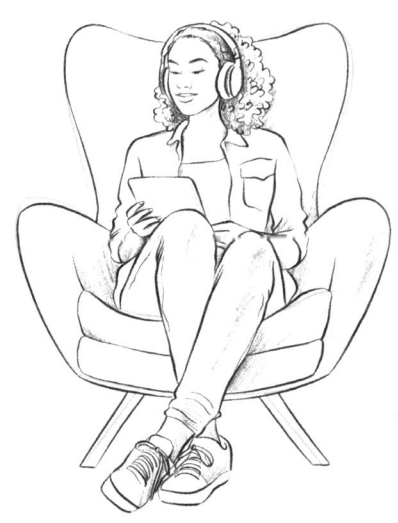

JUSTINE LECOUFFE

Librero

Índice

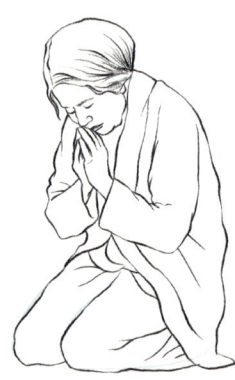

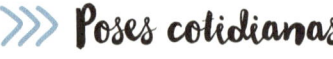

≫ Formas corporales básicas

≫ Poses cotidianas

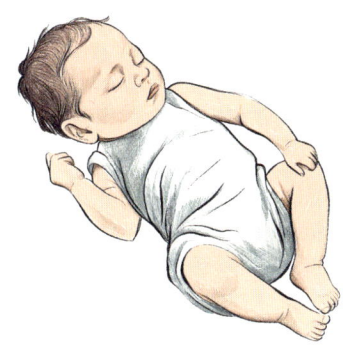

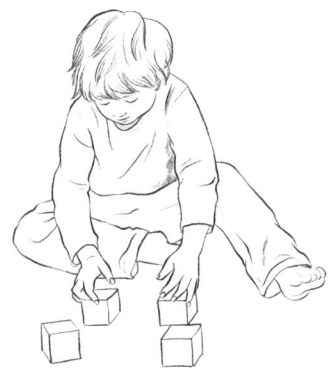

>>> Acciones cotidianas

>>> Actividades populares

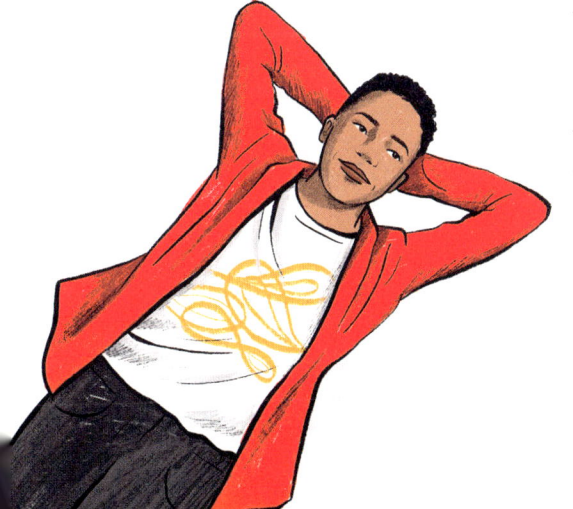

Introducción

Este libro contiene 56 figuras ilustradas creadas en solo 10 sencillos pasos. Tanto si es un artista principiante que desea mejorar sus habilidades como si es un ilustrador experimentado que desea perfeccionar su técnica, este libro está diseñado para acompañarle en el camino hacia el dominio del arte del dibujo de figuras.

CÓMO ABORDAR LAS DISTINTAS FORMAS

Este libro le proporciona los conocimientos necesarios para dar vida a sus dibujos, desde la comprensión de la anatomía básica hasta la representación del movimiento y la expresión.

Tanto si prefiere trabajar con medios tradicionales como con herramientas digitales, los conceptos esbozados en estas páginas son perfectamente aplicables y le permitirán dar rienda suelta a su creatividad y expresarse con confianza.

COLORES

Al final de cada dibujo terminado encontrará una paleta de colores, pero solo son orientativos: siéntase libre de experimentar y utilizar sus tonalidades favoritas.

Algunas de las ilustraciones contienen una amplia paleta de colores, pero, si lo prefiere, también puede optar por reducirla.

Espero que disfrute creando las imágenes de este libro tanto como yo. ¡Dibujar figuras nunca había sido tan fácil!

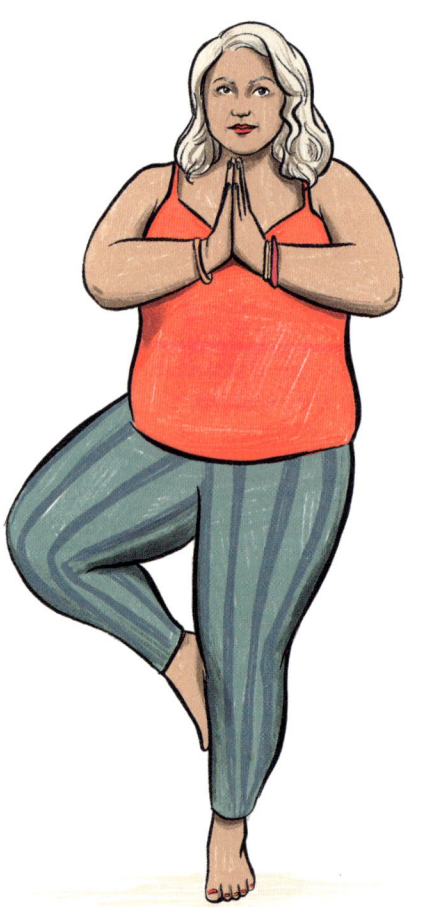

Cómo usar este libro

UTENSILIOS BÁSICOS

Papel: sirve cualquiera, pero con papel para bocetos obtendrá mejores resultados.

Lápiz, goma de borrar y sacapuntas: pruebe lápices de diferentes durezas y use una goma y un sacapuntas de calidad.

Pluma: lo mejor es utilizar una pluma estilográfica de punta media o fina para los contornos y los detalles. Se puede utilizar una pluma de punta gruesa para definir líneas. La tinta es mejor que el bolígrafo porque se seca enseguida.

Regla pequeña: es opcional, pero puede serle útil para dibujar líneas guía.

SEGUIR LOS PASOS

Utilice un lápiz para dibujar las líneas de referencia de cada paso y la pluma para añadir los contornos y los detalles. Cuando la tinta esté seca, borre el dibujo a lápiz subyacente y coloree.

COLOREAR

Existen varias opciones para pintar los dibujos. ¿Por qué no experimenta con todas ellas?

Lápices de colores: es la opción más sencilla. Un juego completo de lápices, de unos 24 colores, es todo lo que necesitará.

No se salga de la raya y procure tener los lápices bien afilados para poder trabajar las áreas más pequeñas.

Para conseguir un tono más claro o más oscuro, pinte varias capas o ejerza más o menos presión con el lápiz.

Pintura y pincel: aunque la pintura acrílica y el óleo permiten cubrir posibles errores, quizá la acuarela sea la pintura más fácil de usar para principiantes. Necesitará dos o tres pinceles de diferentes medidas, al menos uno de ellos muy fino.

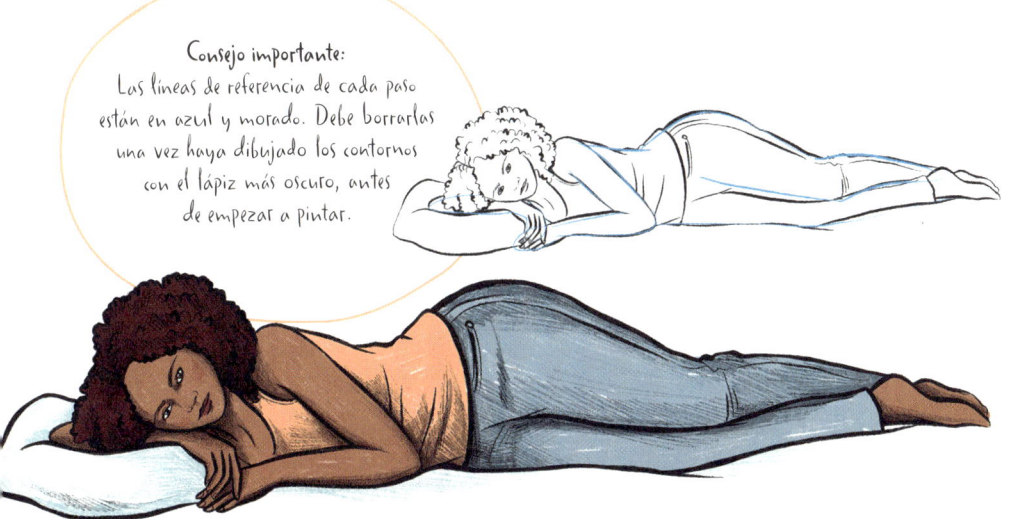

Consejo importante:
Las líneas de referencia de cada paso
están en azul y morado. Debe borrarlas
una vez haya dibujado los contornos
con el lápiz más oscuro, antes
de empezar a pintar.

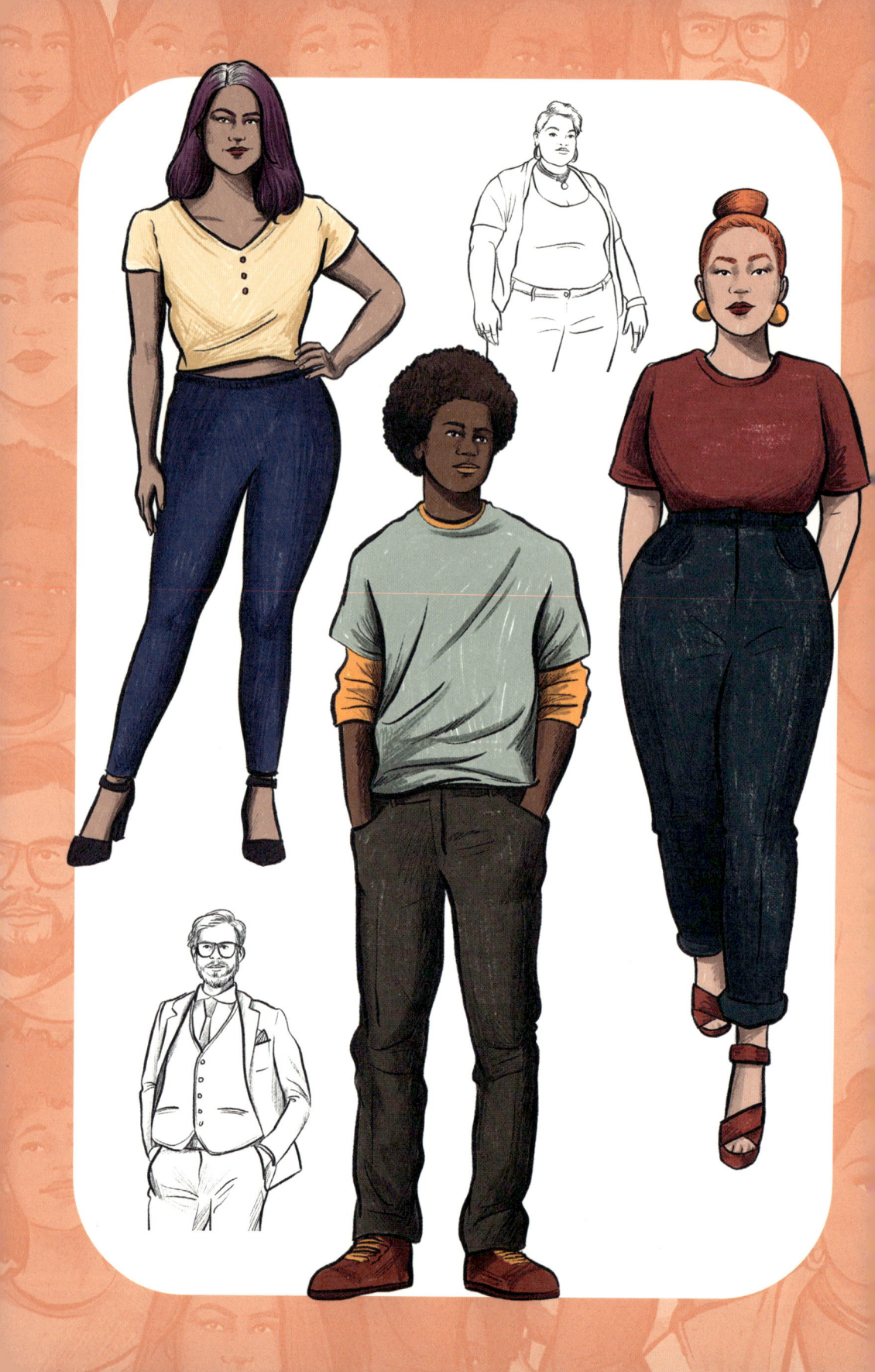

Formas corporales básicas

Formas corporales básicas
Rectangular

Un cuerpo de forma rectangular tiene un aspecto recto de arriba abajo, con la cintura casi de la misma anchura que las caderas y el pecho.

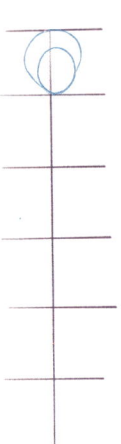

1 Empiece dibujando un eje vertical dividido en seis segmentos iguales para facilitar el trazado de las proporciones. Añada un círculo para la cabeza en el segmento superior y un arco por encima como guía para el pelo.

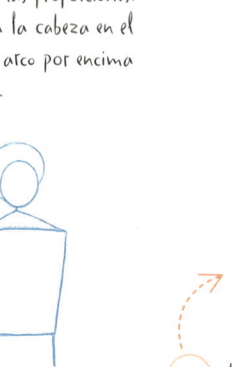

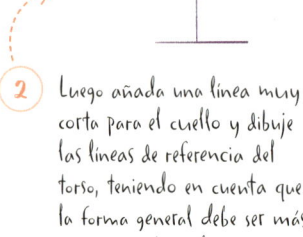

2 Luego añada una línea muy corta para el cuello y dibuje las líneas de referencia del torso, teniendo en cuenta que la forma general debe ser más o menos rectangular.

3 Esboce las piernas, añadiendo círculos para las rodillas y óvalos para los pies.

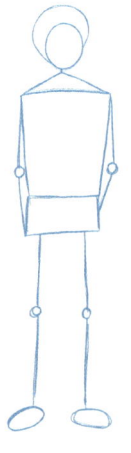

4 Añada líneas de referencia para los brazos, utilizando círculos para los codos. No hace falta dibujar las manos, ya que estarán en los bolsillos de los pantalones del personaje.

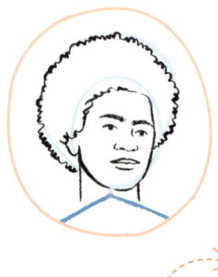

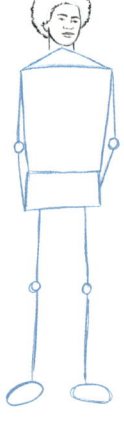

5 Céntrese en la cabeza y dibuje los rasgos faciales. Preste atención a las proporciones y la simetría. Perfeccione el contorno de la cara y añada el pelo y la oreja.

10

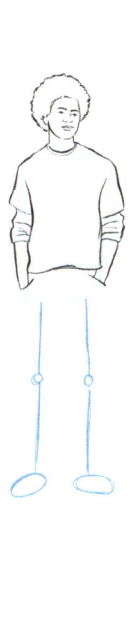

6 Siguiendo las líneas de referencia, dibuje el jersey y los brazos. Cree pliegues en la tela y los bolsillos de los pantalones con líneas cortas.

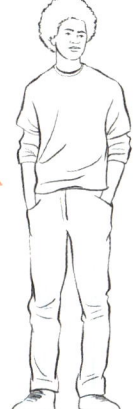

7 Continúe con los pantalones. Añada algunas líneas para los pliegues de las rodillas y los tobillos. Dibuje los zapatos.

8 Ahora sombree toda la ilustración.

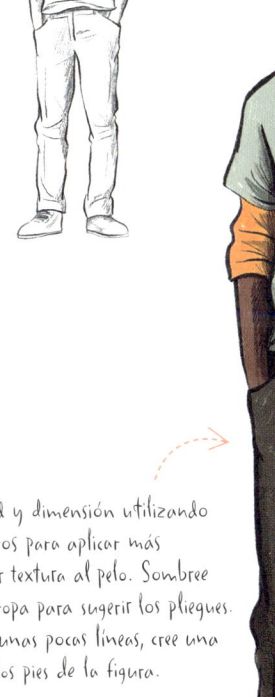

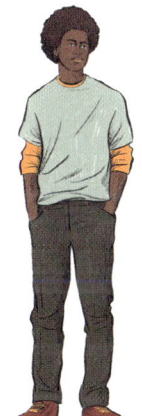

9 Coloree el dibujo.

10 Cree profundidad y dimensión utilizando tonos más oscuros para aplicar más sombreado y dar textura al pelo. Sombree las líneas de la ropa para sugerir los pliegues. Por último, con unas pocas líneas, cree una sombra junto a los pies de la figura.

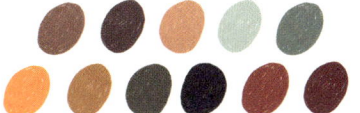

Formas corporales básicas
Reloj de arena

Esta forma de cuerpo curvilíneo se define porque el pecho y las caderas tienen la misma anchura y la cintura es relativamente estrecha.

1 Trace un eje vertical dividido en seis segmentos iguales para facilitar el dibujo de las proporciones. En el segmento superior, añada un círculo como guía para la cabeza.

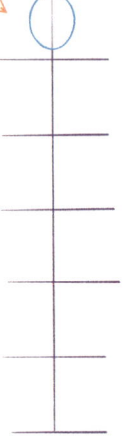

2 Añada una línea corta para el cuello y, luego, dibuje el torso. El pecho y las caderas deben tener aproximadamente la misma anchura y la cintura debe estar bien definida.

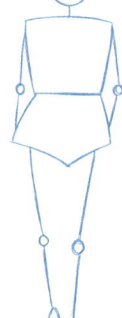

3 Añada las piernas, dibujando una más corta que la otra para crear la impresión de que está más atrás. Dibuje círculos para las rodillas y óvalos para los pies. El pie que queda detrás debe ser más pequeño que el de delante.

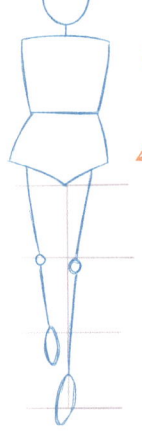

4 Esboce los brazos y añada círculos para los codos. Las manos están en los bolsillos de los pantalones, así que no hace falta dibujarlas.

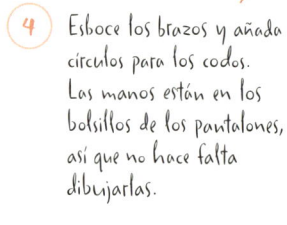

5 Ahora céntrese en la cabeza y dibuje los rasgos faciales. Preste atención a las proporciones y la simetría. Perfile el contorno de la cara y añada el pelo, las orejas y el cuello.

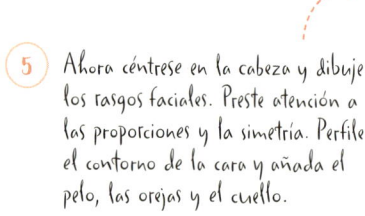

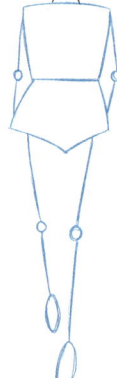

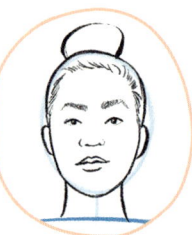

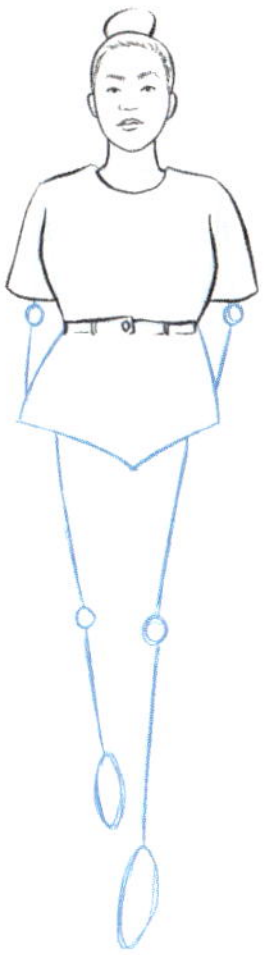

6 Dibuje la camiseta, redondeando ligeramente los hombros, y añada la cintura del pantalón.

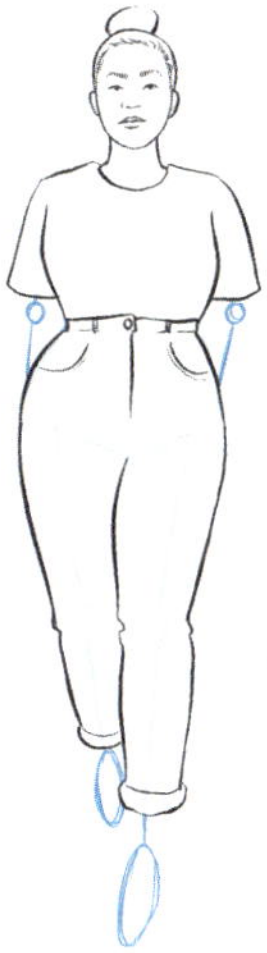

7 Añada el resto de los pantalones de la figura.

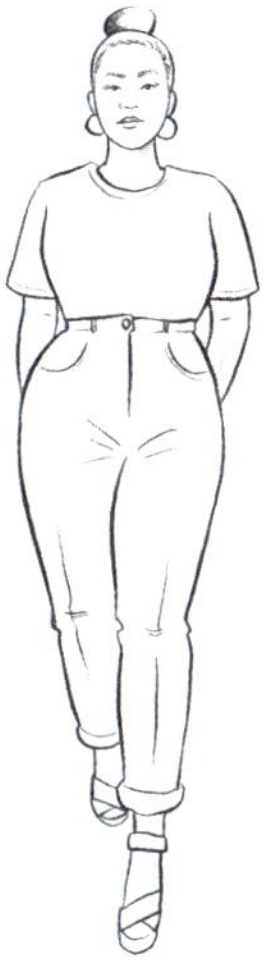

8 Dibuje los brazos, los tobillos, los pies y los zapatos. Añada líneas a la ropa para indicar los pliegues. Perfeccione el peinado de la figura y póngale unos pendientes grandes y llamativos.

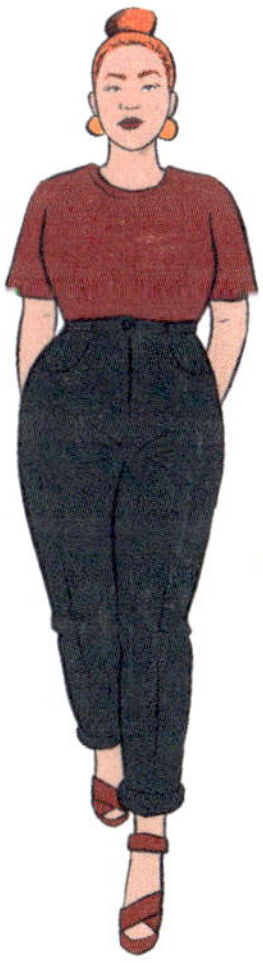

9 Coloree el dibujo.

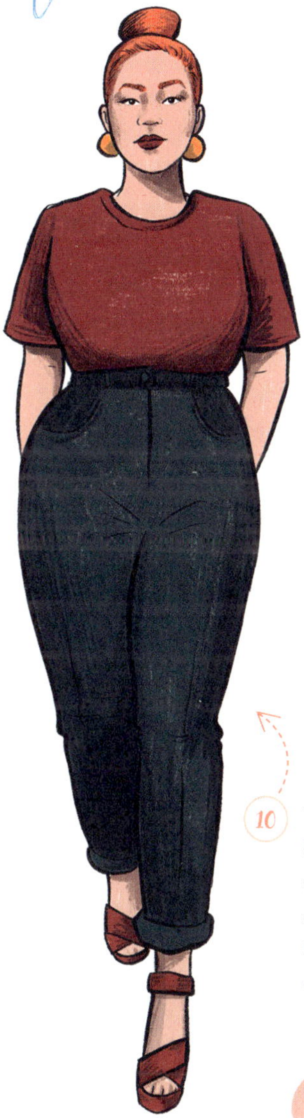

10 Por último, tenga en cuenta la dirección de la luz y aplique sombreados con tonos más oscuros: esto añade profundidad y dimensión y hará que su dibujo sea más realista.

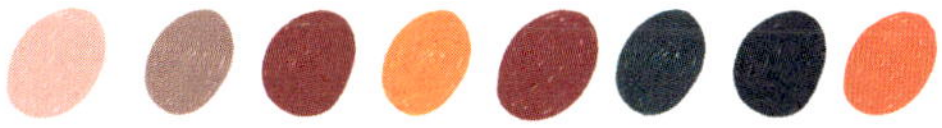

Formas corporales básicas
Manzana

Una silueta en forma de manzana suele tener el pecho grande, las caderas estrechas y la cintura ancha.

1 Empiece dibujando un eje vertical dividido en seis segmentos iguales para facilitar el trazado de las proporciones. En el segmento superior, dibuje un círculo que represente la cabeza.

2 Ahora añada el torso (en esta fase no hace falta que dibuje el cuello). Dibuje un círculo grande para representar la forma redondeada del vientre y las caderas.

3 Trace las piernas cruzadas, añadiendo círculos para las rodillas. Dibuje los pies, con un óvalo para el pie derecho y un triángulo redondeado para el izquierdo.

4 Dibuje los brazos, añadiendo círculos para los codos. Las manos estarán en los bolsillos del personaje; añada una línea para indicar dónde estará cada bolsillo.

5 Ahora céntrese en la cabeza y esboce los rasgos faciales. Preste atención a las proporciones y la simetría. Perfile el contorno de la cara y dibuje el pelo, la barba y las gafas.

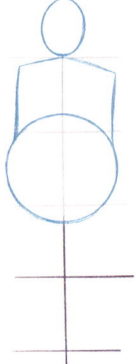
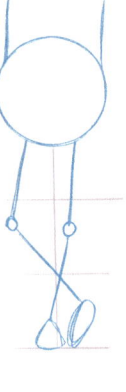
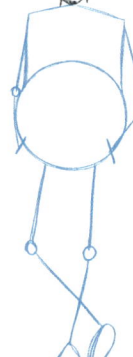
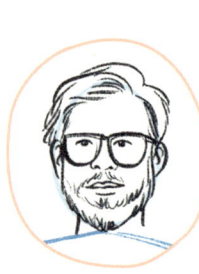

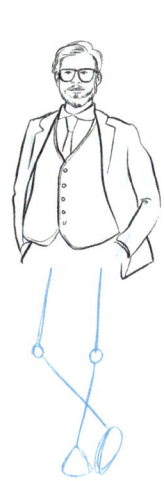

6 Dibuje la americana, el chaleco, la camisa y la corbata. Procure que la cintura quede rellena.

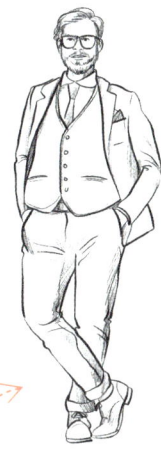

7 Añada los pantalones, los zapatos y unas líneas cortas para indicar las muñecas.

8 Perfeccione la ropa, añadiendo detalles como los bolsillos del chaleco y el pañuelo de la americana, y luego añada líneas para indicar los pliegues. Aplique sombreado donde las sombras caerían de forma natural.

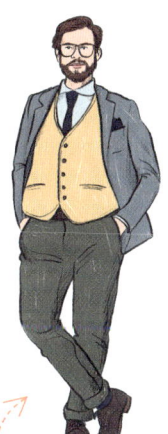

9 Coloree el dibujo.

10 Cree más profundidad y dimensión aplicando sombreados con tonos más oscuros. Por último, con unas pocas pinceladas, añada una sombra a los pies de la figura.

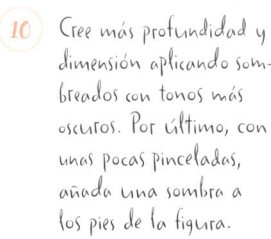

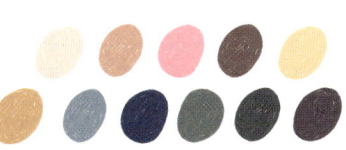

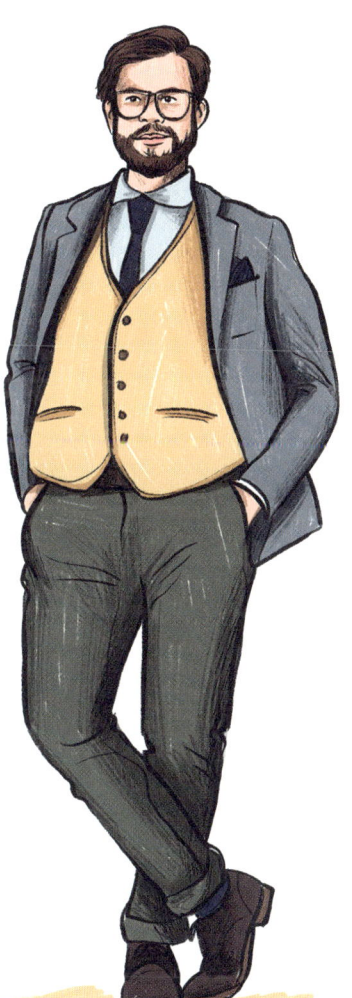

Formas corporales básicas
Pera

Las personas con forma de pera tienen caderas grandes y más anchas que el pecho y los hombros.

1 Trace un eje vertical dividido en seis segmentos iguales para facilitar el dibujo de las proporciones. En el segmento superior, dibuje un círculo a modo de guía para la cabeza.

2 Añada líneas de referencia para el cuello y el torso.

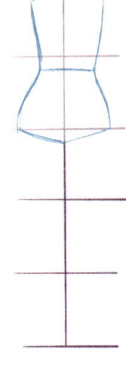

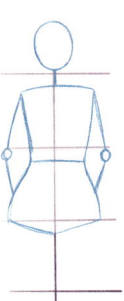

3 Esboce los brazos, añadiendo círculos para los codos. Las manos estarán en los bolsillos de los pantalones de la mujer, así que no hace falta dibujarlas.

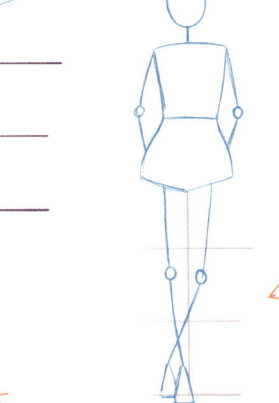

4 Dibuje las piernas cruzadas, añadiendo círculos para las rodillas. Añada formas triangulares para los pies, con uno ligeramente más pequeño y detrás del otro.

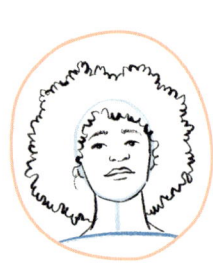

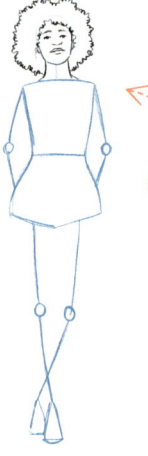

5 Ahora céntrese en la cabeza y esboce los rasgos faciales. Preste atención a las proporciones y la simetría. Perfile el contorno de la cara y añada el cuello y el pelo.

6 Dibuje la parte superior de la figura, dejando los hombros estrechos.

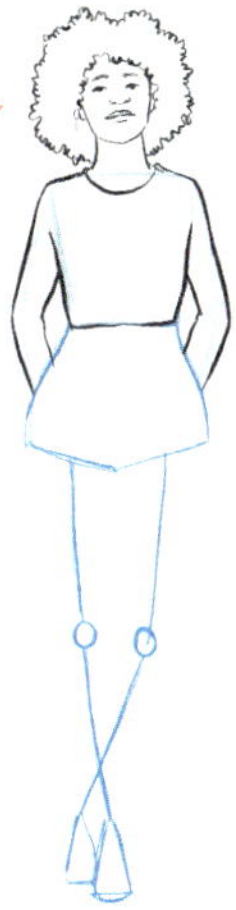

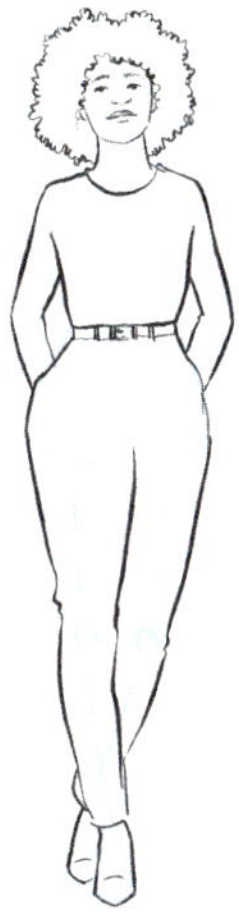

7 Añada los pantalones, el cinturón y los zapatos.

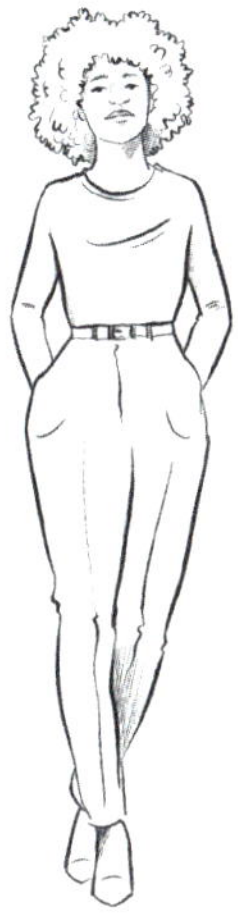

8 Utilice líneas cortas para indicar los pliegues de la ropa y añada más detalles al pelo. Luego, aplique sombreado donde las sombras caerían de forma natural.

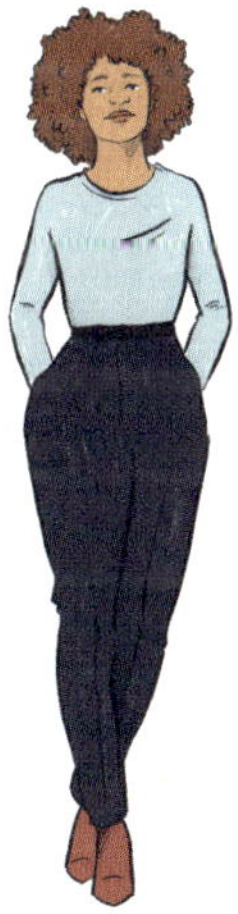

9 Coloree el dibujo.

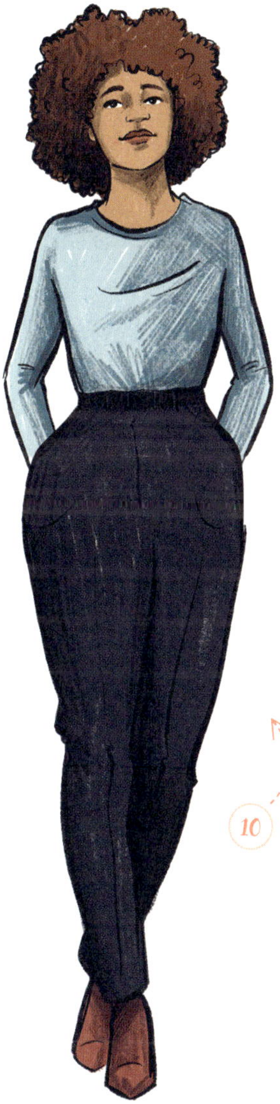

10 Por último, emplee tonos más oscuros para aplicar más sombreado, lo que aportará mayor profundidad y dimensión al dibujo.

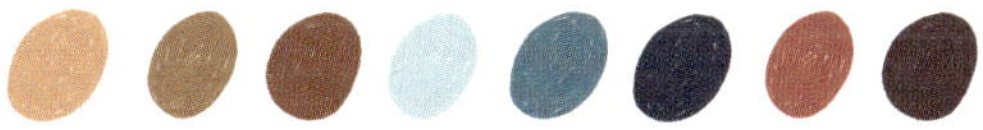

Formas corporales básicas
Triángulo invertido

Esta forma corporal se caracteriza por unos hombros anchos
y un pecho que se estrecha hasta las caderas.

1 Trace un eje vertical dividido en seis segmentos iguales para facilitar el dibujo de las proporciones. Dibuje un círculo en el segmento superior, situado a la derecha del eje, a modo de guía para la cabeza.

2 Añada una línea corta para el cuello y, luego, añada líneas de referencia para el torso en los dos segmentos siguientes.

3 Esboce las piernas, ligeramente separadas e inclinadas hacia la izquierda. Añada círculos para las rodillas y óvalos para los pies.

4 Dibuje los brazos y las manos, utilizando círculos para los codos y óvalos para las manos. Dibuje un brazo recto y el otro doblado con la mano apoyada en la cadera.

5 Céntrese en la cabeza y dibuje los rasgos faciales. Preste atención a las proporciones y la simetría. Perfile el contorno de la cara y añada el pelo, la oreja y el cuello.

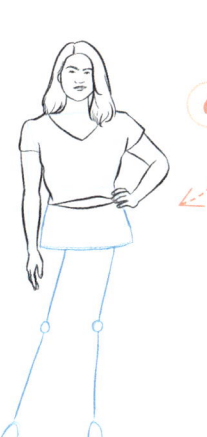

6 Dibuje la camiseta, los brazos y las manos de la figura. Recuerde que los hombros deben quedar bastante anchos y preste atención a la posición de los dedos.

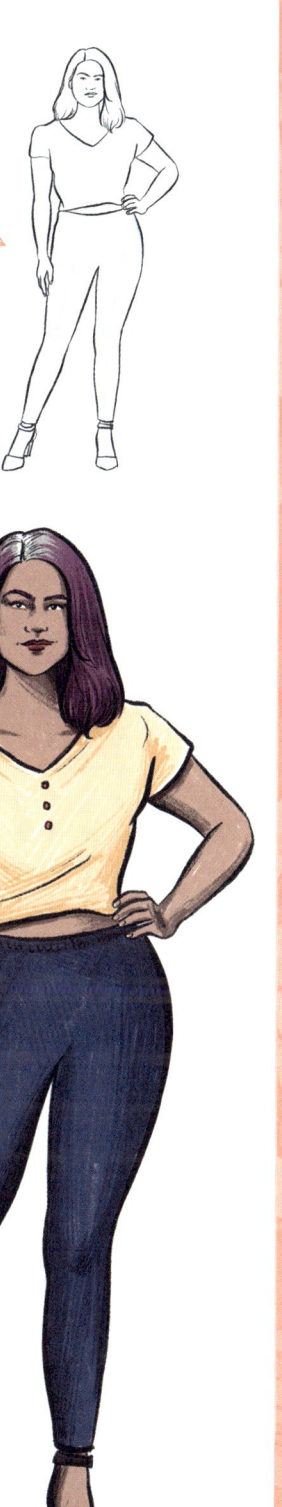

7 Continúe con los pantalones y los zapatos.

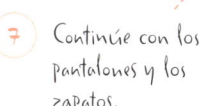

8 Perfeccione la ropa, añadiendo los botones y los pliegues de la tela. A continuación, aplique sombreado donde las sombras caerían de forma natural.

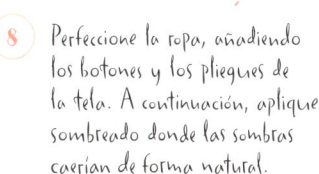

9 Coloree el dibujo.

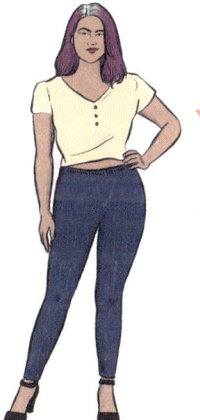

10 Utilice tonos más oscuros para aplicar más sombreado. Por último, añada unas líneas junto a los pies de la figura para crear una sombra.

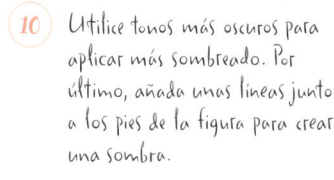

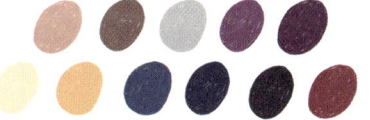

Formas corporales básicas
Con curvas

Las figuras que se describen como curvilíneas tienden
a ser anchas y redondeadas, con líneas onduladas.

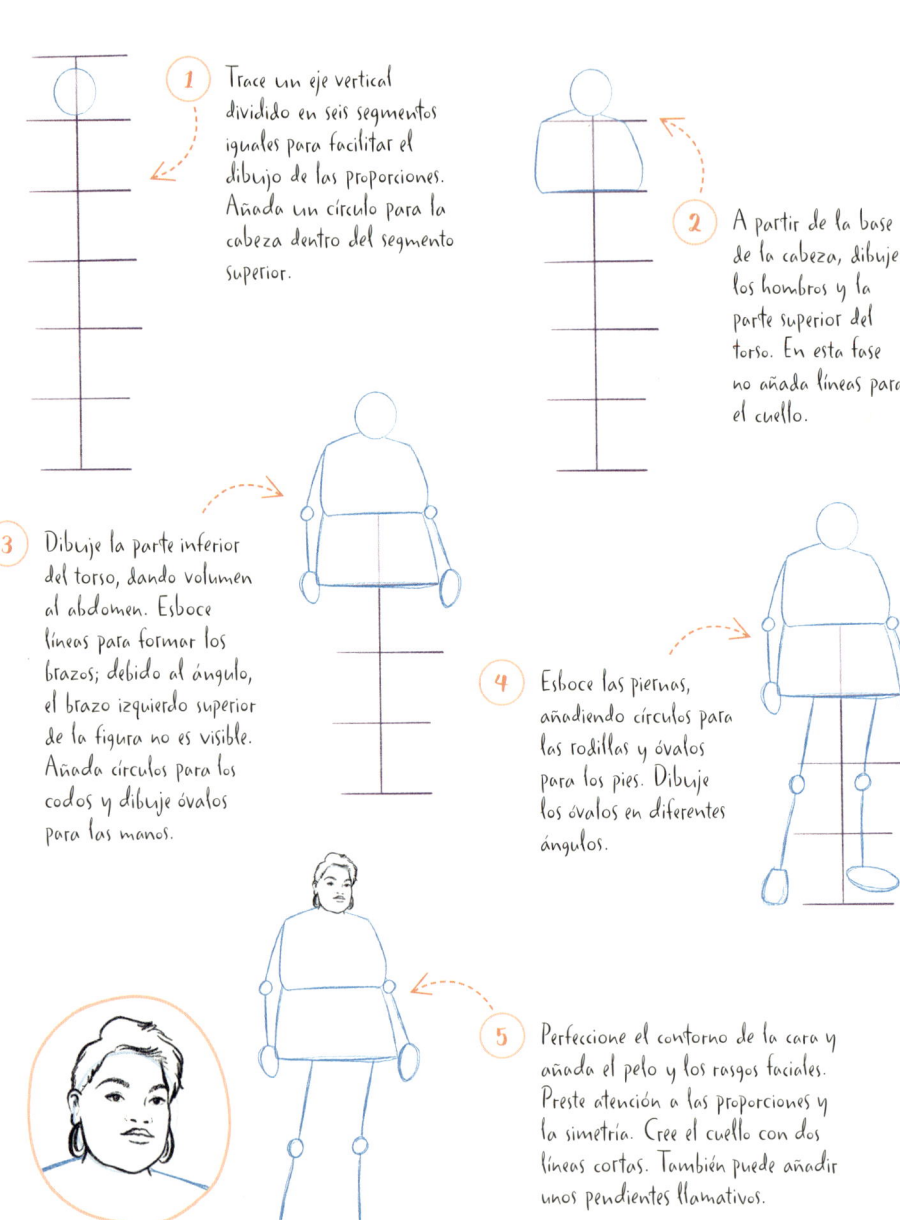

1 Trace un eje vertical dividido en seis segmentos iguales para facilitar el dibujo de las proporciones. Añada un círculo para la cabeza dentro del segmento superior.

2 A partir de la base de la cabeza, dibuje los hombros y la parte superior del torso. En esta fase no añada líneas para el cuello.

3 Dibuje la parte inferior del torso, dando volumen al abdomen. Esboce líneas para formar los brazos; debido al ángulo, el brazo izquierdo superior de la figura no es visible. Añada círculos para los codos y dibuje óvalos para las manos.

4 Esboce las piernas, añadiendo círculos para las rodillas y óvalos para los pies. Dibuje los óvalos en diferentes ángulos.

5 Perfeccione el contorno de la cara y añada el pelo y los rasgos faciales. Preste atención a las proporciones y la simetría. Cree el cuello con dos líneas cortas. También puede añadir unos pendientes llamativos.

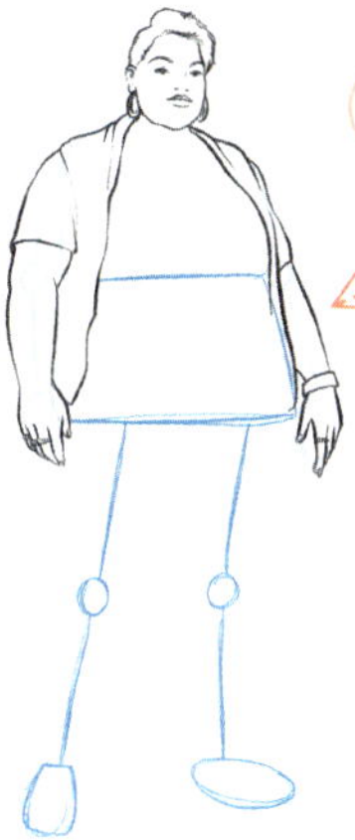

6 Ahora céntrese en los hombros, los brazos y las manos. Vista la parte superior de la figura, añadiendo líneas para representar los pliegues y arrugas de la tela. Añada detalles adicionales, como anillos y pulseras.

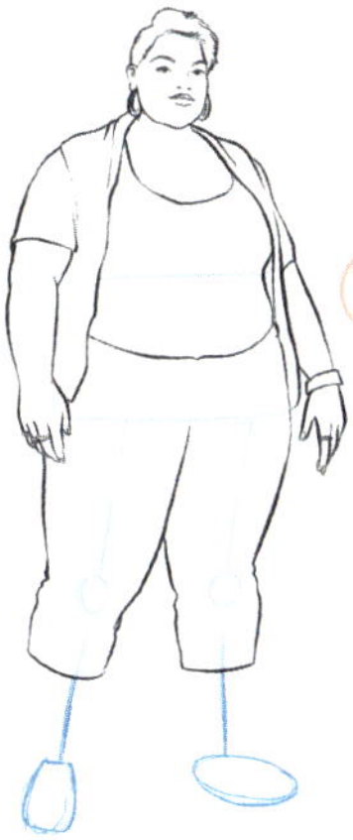

7 Dibuje los pantalones. Fíjese en la anchura de los muslos alrededor de las líneas de referencia.

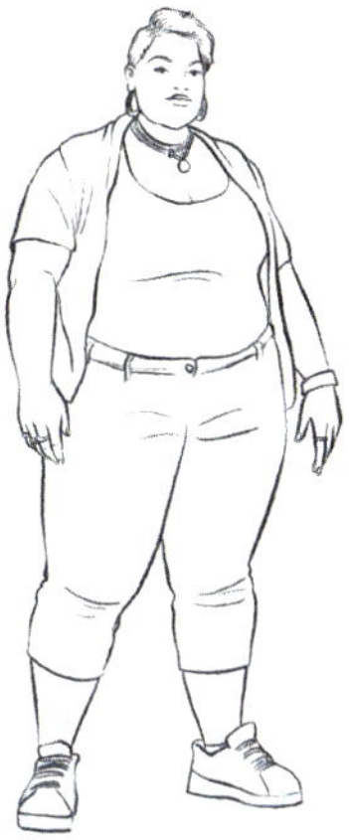

8 Finalice el contorno dibujando las piernas y los zapatos, luego repase el boceto y perfile todas las líneas. Añada detalles, como los pliegues de la parte superior y de los pantalones, el botón, las trabillas del cinturón y el collar.

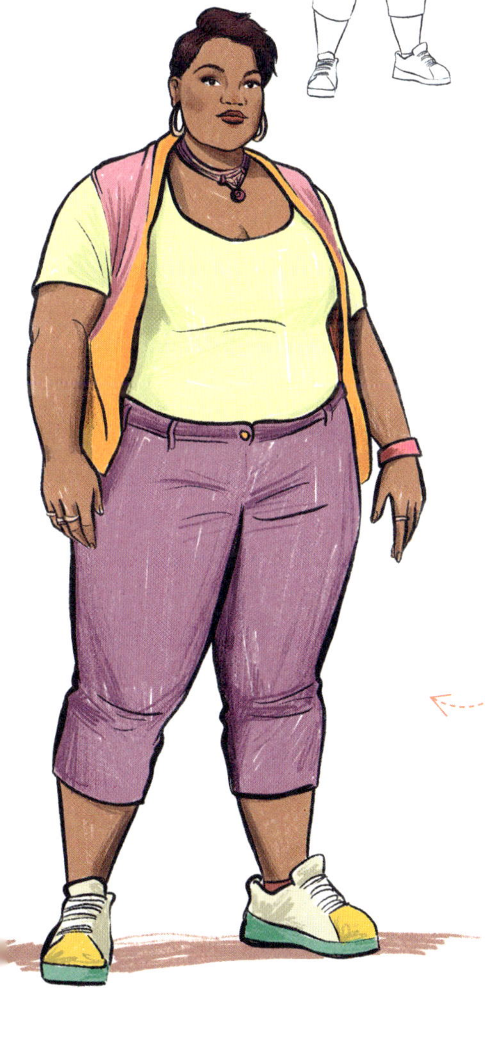

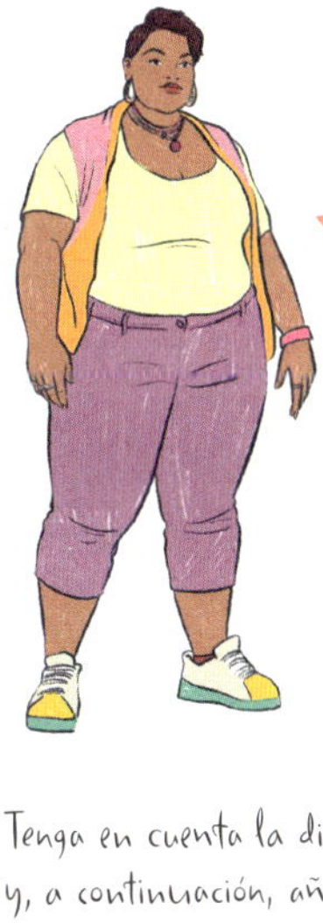

9 Coloree el dibujo.

10 Tenga en cuenta la dirección de la luz y, a continuación, añada sombreados con tonos más oscuros para crear profundidad y dimensión. Por último, cree una sombra a los pies de la figura con unas líneas.

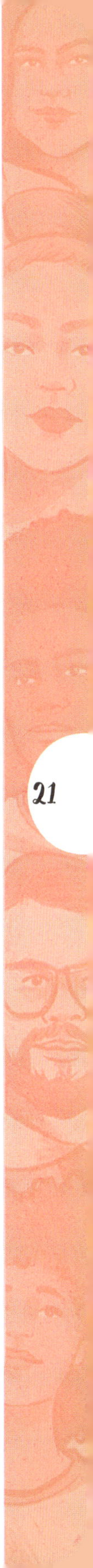

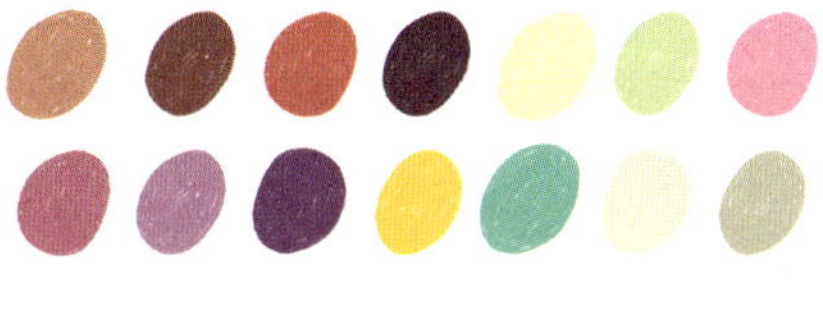

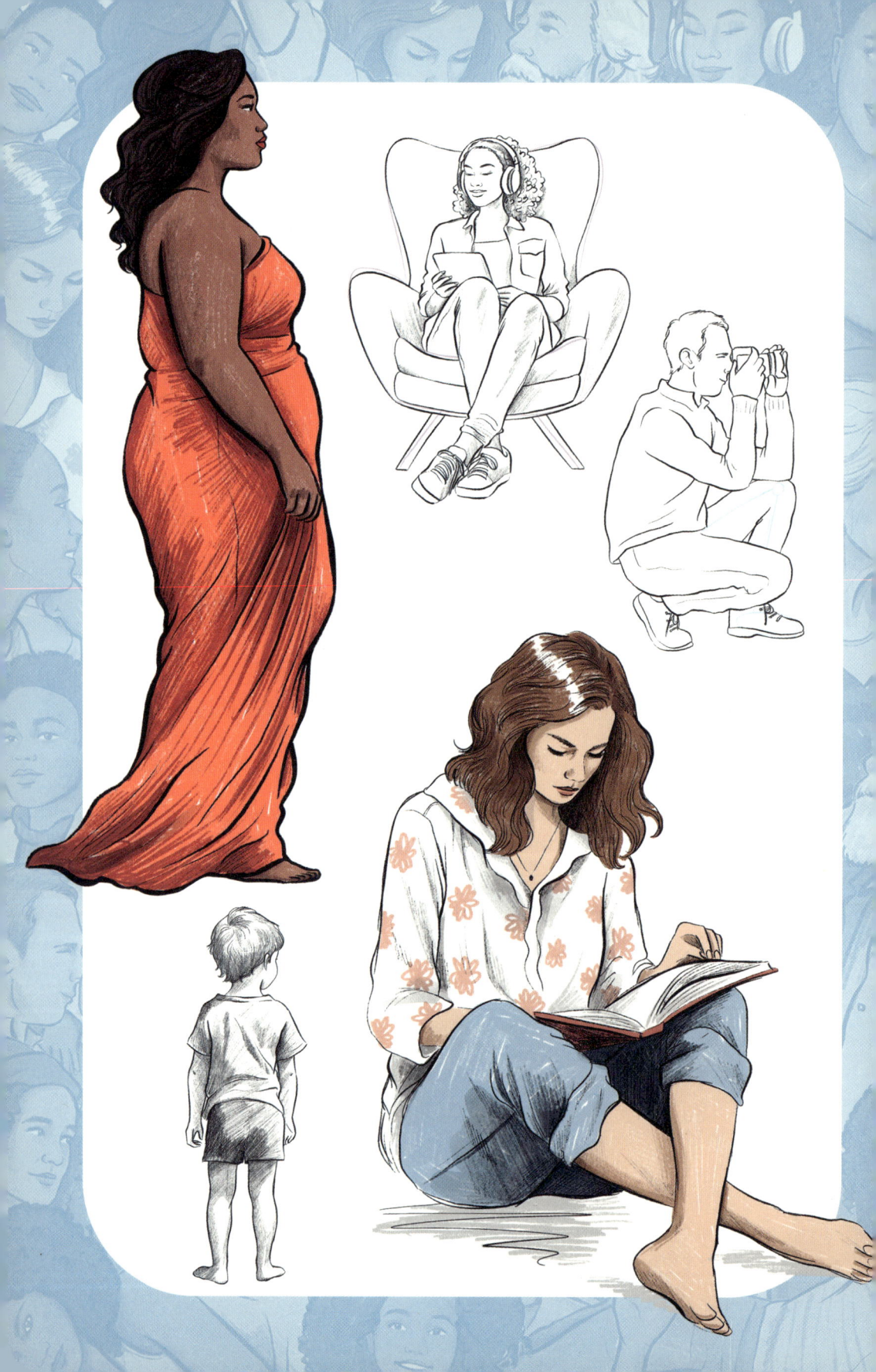

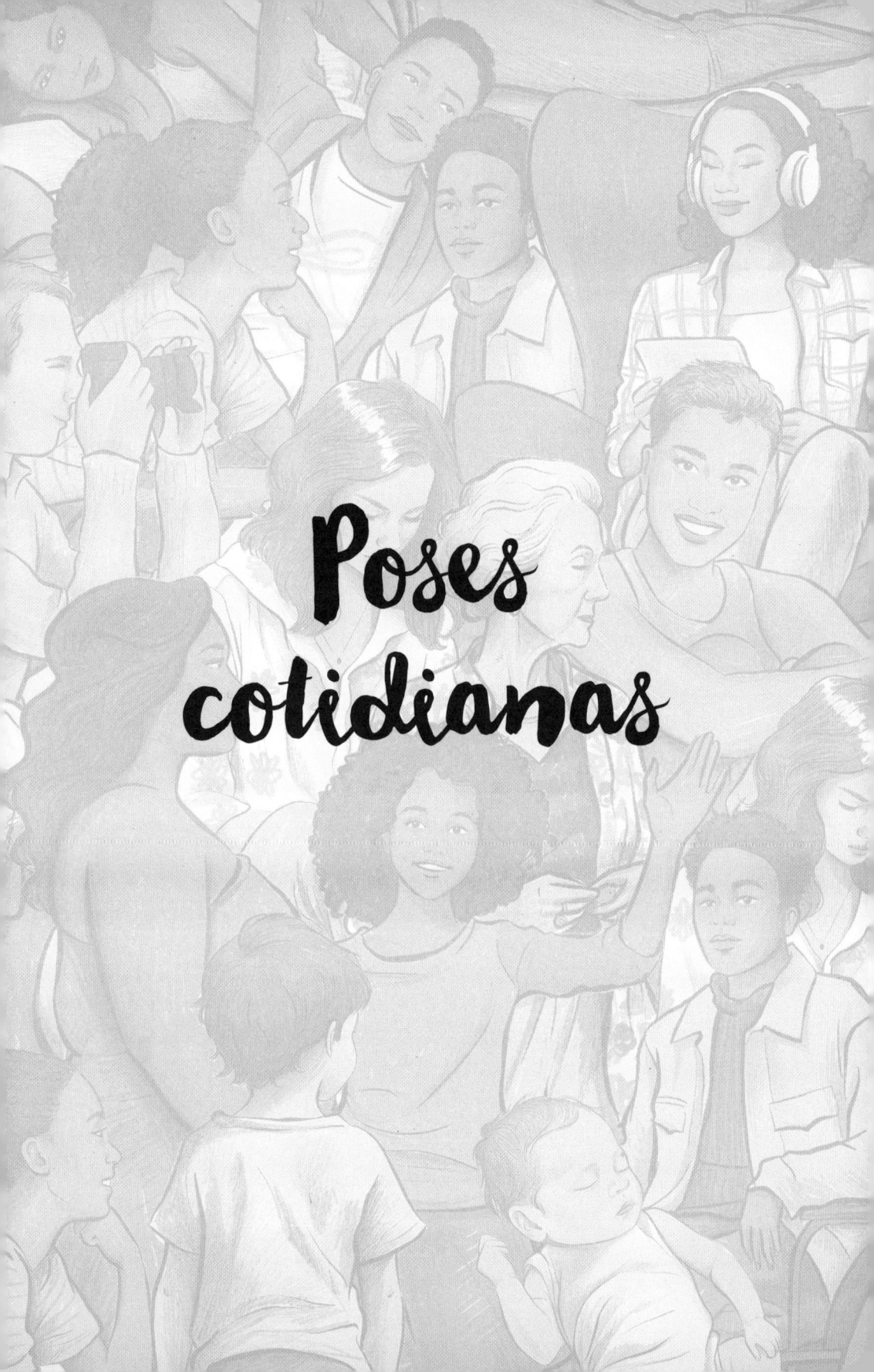

Poses
cotidianas

De pie

Se trata de una postura relajada de pie. Las personas mayores tienden a encorvarse un poco, así que debe tenerlo en cuenta al dibujar la figura.

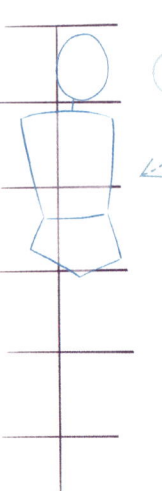

1 Trace un eje vertical dividido en seis segmentos iguales para facilitar el dibujo de las proporciones. Dibuje un círculo en el primer segmento a modo de guía para la cabeza. A continuación, dibuje una línea corta para el cuello y formas como las que se muestran para el torso.

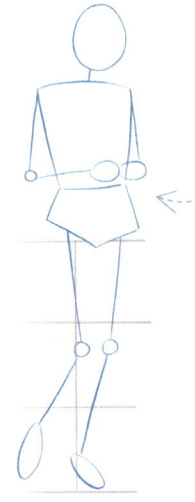

2 Dibuje líneas de referencia para los brazos y las piernas. Añada círculos para los codos, las manos y las rodillas, y óvalos para los pies.

3 Trace líneas al lado de las líneas de referencia para dar forma a la figura y, a continuación, añada los rasgos faciales, el pelo, los dedos, los pantalones y los zapatos.

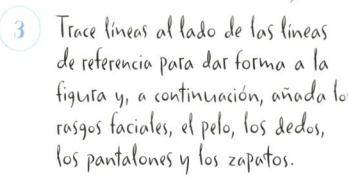

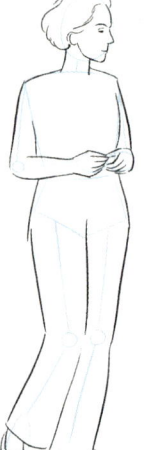

4 Empiece a perfeccionar el dibujo. Añada la camisa abierta, la blusa y el cinturón.

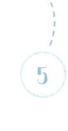

5 Continúe con los pantalones y los pies, añadiendo detalles, incluidos los pliegues de la tela.

24

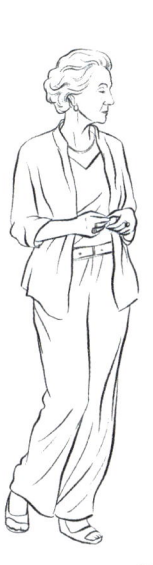

6 Añada detalles al pelo, la cara y el cuello, como arrugas y joyas.

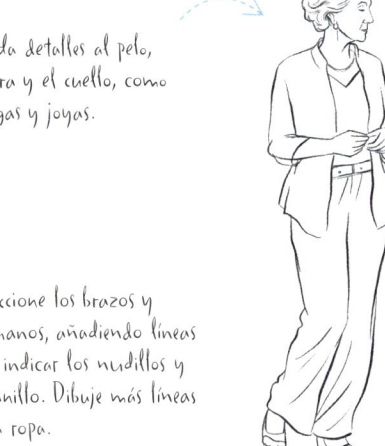

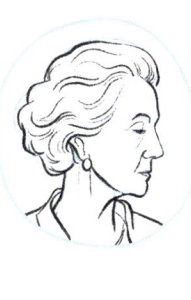

7 Perfeccione los brazos y las manos, añadiendo líneas para indicar los nudillos y un anillo. Dibuje más líneas en la ropa.

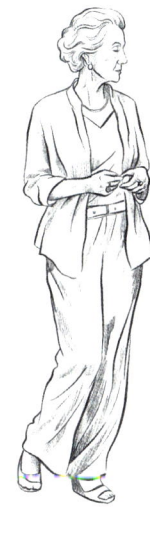
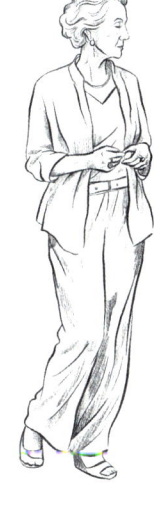

8 Añada tono y profundidad en el dibujo mediante el sombreado, prestando especial atención a los pliegues de la tela y al lugar donde caen las sombras.

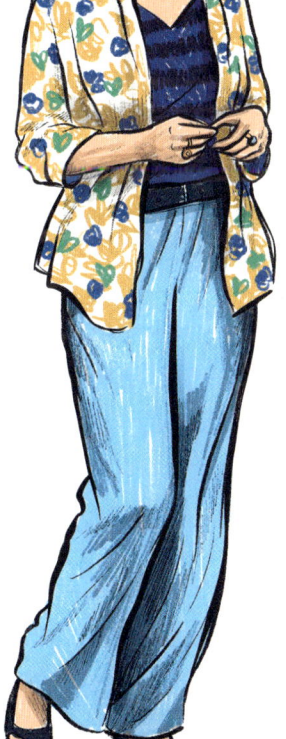

9 Coloree el dibujo.

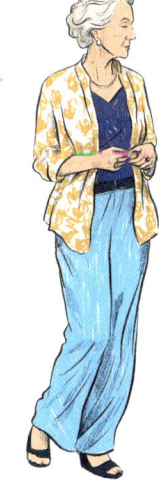

10 Añada color a los labios y las joyas y también a la blusa y la camisa. Sombree el rostro y la ropa con tonos más oscuros. Por último, aumente la definición del dibujo con trazos más gruesos.

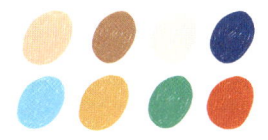

De pie, de espaldas

Practique cómo representar las proporciones del cuerpo rectangular de un niño. La vista desde atrás lo hace un poco más sencillo, ya que solo hay que dibujar el perfil de la cara.

1 Esboce un círculo para la forma de la cabeza. Debajo, añada líneas de referencia para el torso.

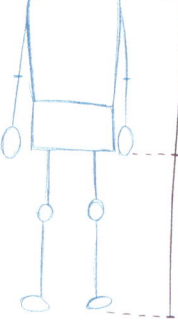

2 Añada el cuello y los brazos. Dibuje óvalos en las puntas para las manos. Como se trata de un niño, los brazos solo llegan un poco más abajo de las caderas.

3 Termine el contorno de la figura esbozando las piernas con círculos para las rodillas y óvalos para los pies. La línea de referencia morada le ayudará con las proporciones generales.

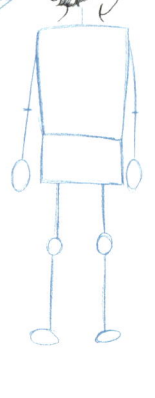

4 Céntrese en la cabeza y trace el cabello. Perfeccione el lado de la cara que se ve. Cree el cuello con dos líneas curvas.

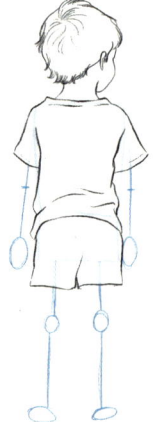

5 Vista al personaje añadiendo líneas para la camiseta y los pantalones cortos, incluyendo los detalles de los pliegues y las arrugas de la tela.

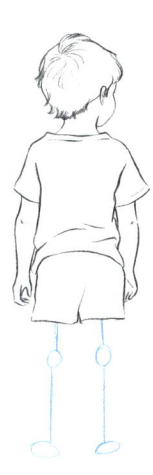

6 Luego dibuje los brazos y las manos de la figura. Añada una línea para cada codo.

7 Termine el contorno dibujando las piernas y los pies.

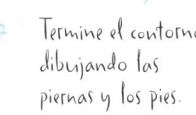

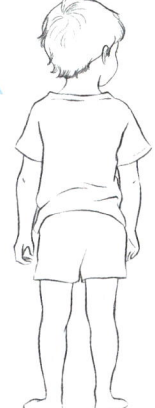

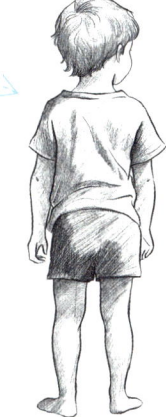

8 Tenga en cuenta la dirección de la fuente de luz y aplique sombreado en consecuencia.

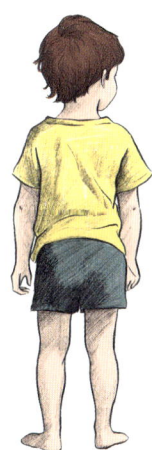

9 Coloree el dibujo.

10 Aplique tonos más oscuros para dar más profundidad y dimensión. Por último, con unas pocas líneas, cree una sombra a los pies de la figura.

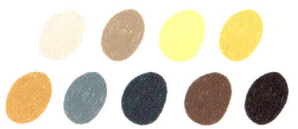

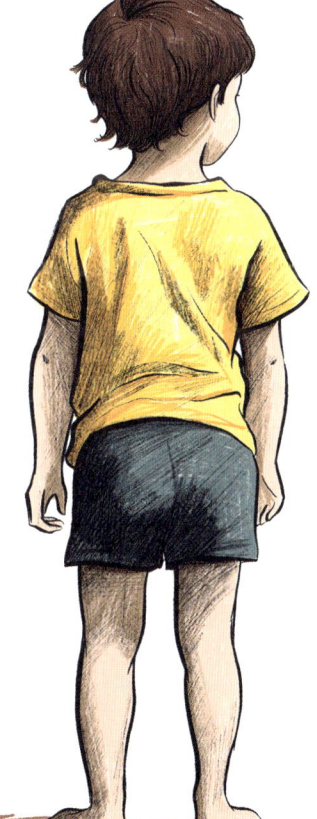

De pie, de lado

Se utilizan líneas largas y fluidas para representar el volumen
de esta figura con curvas y la fluidez de su vestido.

1 Empiece dibujando un eje vertical
dividido en seis segmentos iguales
para facilitar la representación
de las proporciones.

2 Añada un círculo
dentro del segmento
superior, como guía
para la cabeza, y una
línea corta debajo para
el cuello.

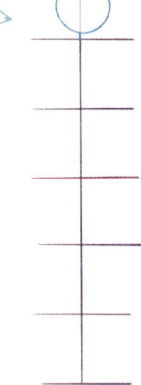

3 Esboce el torso utilizando los
dos segmentos siguientes. Añada
el brazo, con un círculo para el
codo y un óvalo para la mano,
que se coloca justo debajo de la
línea del segmento.

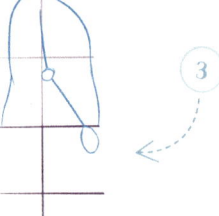

4 Continúe con la parte
inferior de la figura
esbozando el contorno
del vestido largo de la
mujer. Añada la punta
del pie.

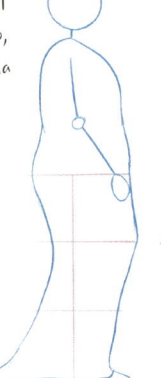

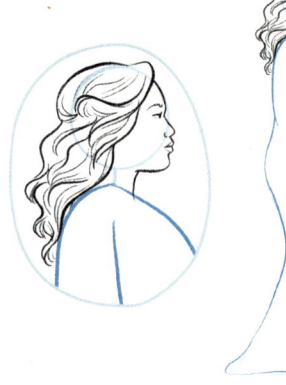

5 Céntrese en la cabeza y dibuje el
pelo dentro y alrededor del círculo.
Perfeccione el contorno del perfil de
la cara y dibuje los rasgos faciales.
Añada una línea para el cuello.

28

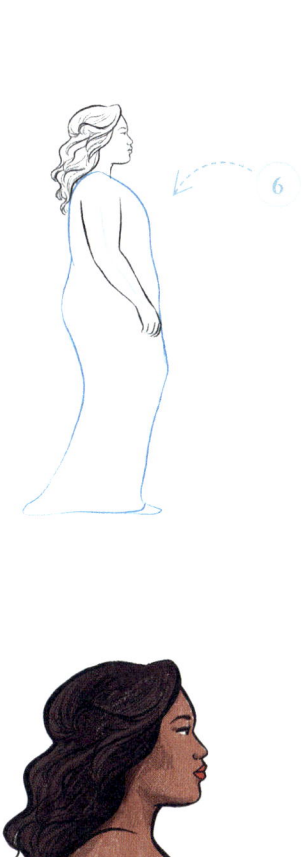

6 Siga las líneas de referencia para dibujar el brazo y la mano.

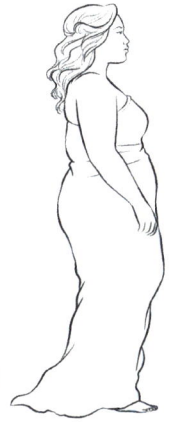

7 Perfeccione el hombro y añada líneas para la parte superior del vestido hasta la cintura.

8 Continúe dibujando la parte inferior del vestido y el pie, añadiendo líneas para indicar cómo la tela envuelve la figura.

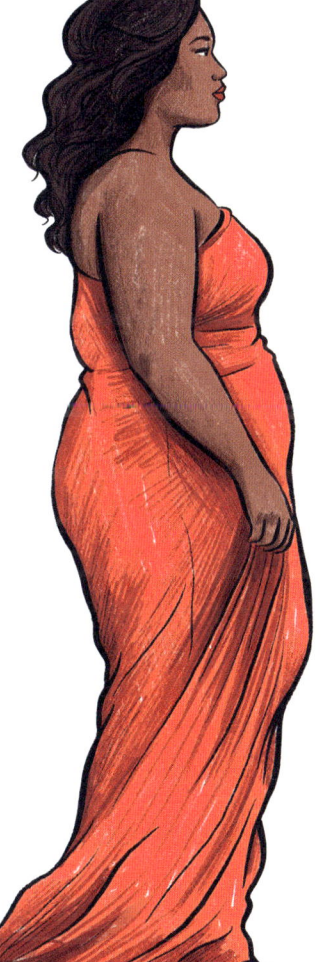

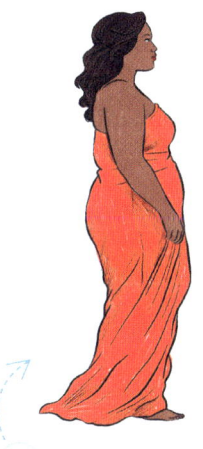

9 Coloree el dibujo.

10 Por último, añada tonos más oscuros para dar más profundidad y dimensión a la ilustración.

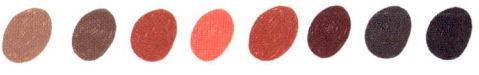

Poses cotidianas
Sentado en el suelo con las piernas cruzadas

Para crear esta figura sentada, con la cabeza inclinada, absorta en un libro, se utilizan formas muy interesantes.

1 Empiece con un óvalo inclinado hacia la derecha a modo de guía para la cabeza. Añada una forma cuadrada debajo para la parte superior del torso, y la forma aproximada de un libro abierto hacia la parte inferior derecha.

2 Añada líneas de referencia para las piernas cruzadas. Dibuje un círculo para la rodilla derecha de la figura y óvalos para los pies.

3 Esboce los brazos, utilizando círculos para los codos. Añada un círculo parcial para la mano izquierda de la figura, ya que queda parcialmente tapada por el libro. La mano derecha no se ve.

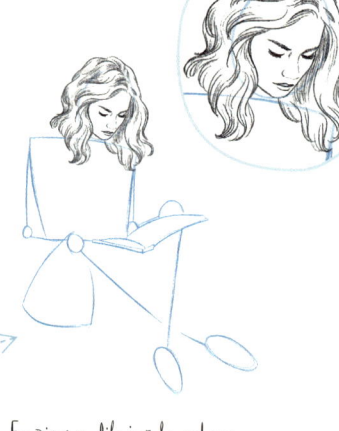

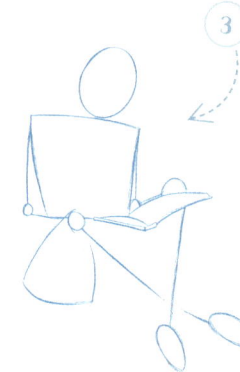

4 Empiece a dibujar la cabeza, añadiendo los rasgos faciales y perfilando la forma de la cara. Dibuje el pelo con líneas largas y curvas que se superpongan al torso.

5 Ahora céntrese en la mano izquierda de la mujer, su libro y sus pies, dibujándolos alrededor de las líneas de referencia.

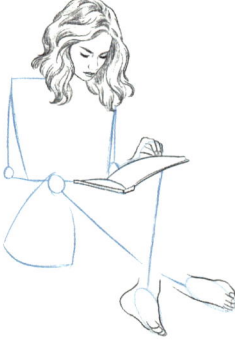

30

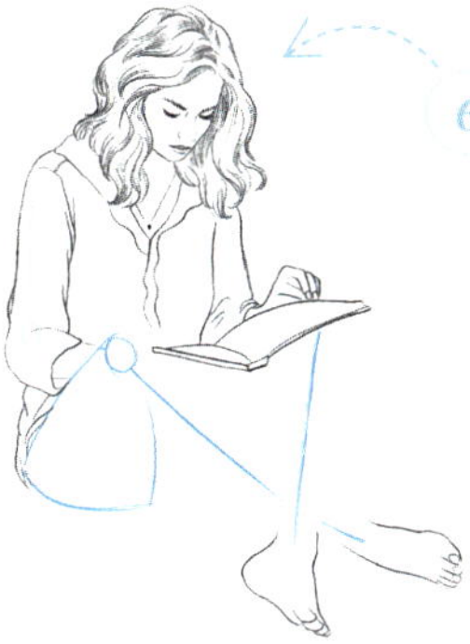

6　Dibuje la camisa, añadiendo los detalles de los pliegues de la tela. Esboce la pequeña zona de la muñeca que se ve en el brazo izquierdo de la figura y la sección que podemos ver de su antebrazo derecho. Añada el collar.

7　A continuación, dibuje los pantalones y las piernas.

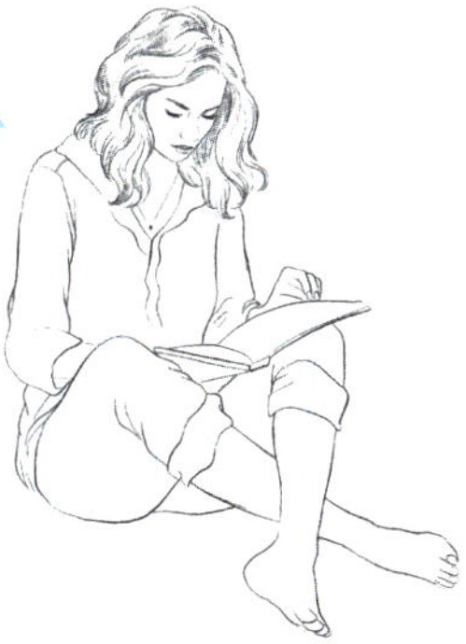

8　Cree profundidad y dimensión aplicando sombreado donde caerían naturalmente las sombras.

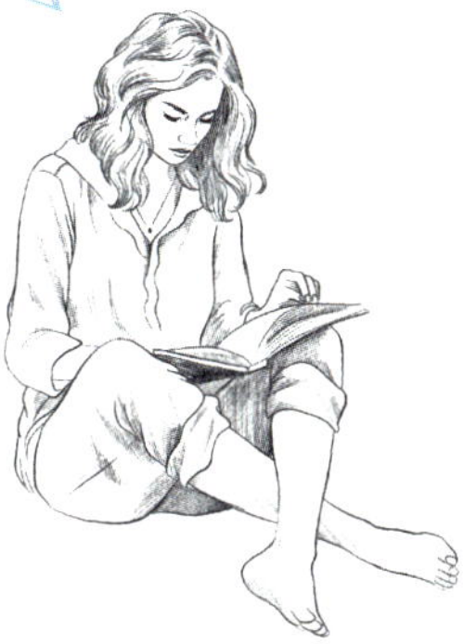

9　Coloree el dibujo.

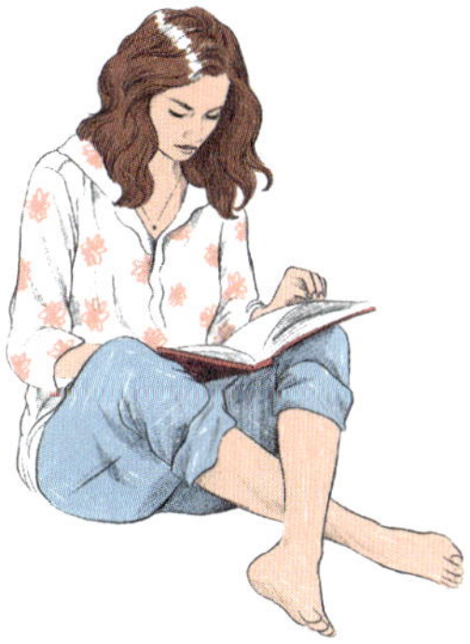

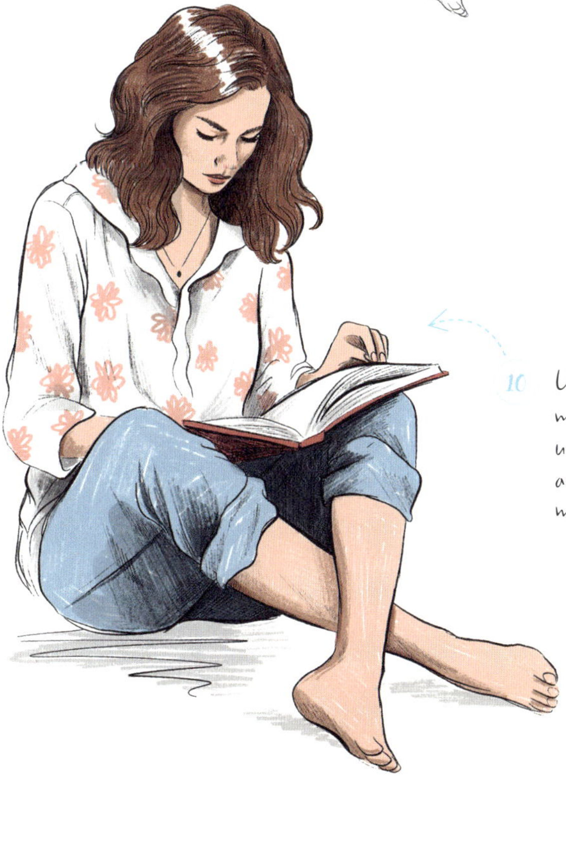

10　Utilice tonos más oscuros para crear más sombreado. Por último, dibuje una sombra debajo de la mujer para anclarla en la página. Utilice tonos más oscuros para crear más sombreado.

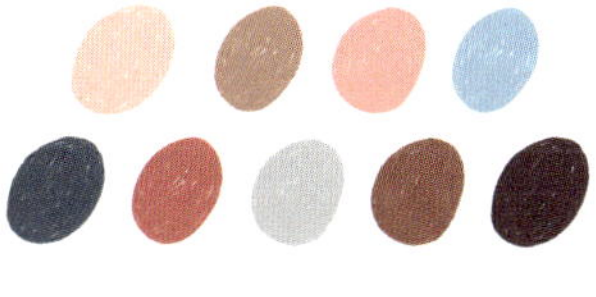

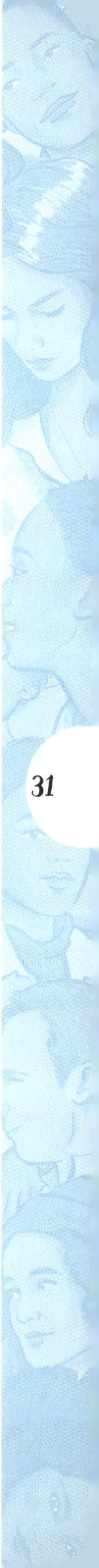

Poses cotidianas
Sentado en el suelo abrazándose las rodillas

Al inclinarse para abrazarse las rodillas contra el pecho, la forma de esta figura se comprime y se vuelve prácticamente redonda.

1 Dibuje un óvalo con una forma rectangular debajo para la cabeza y el torso.

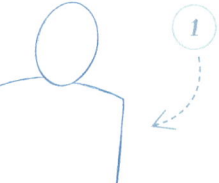

2 Añada líneas de referencia para las piernas, que se doblan por delante del torso. Añada círculos pequeños para las rodillas y óvalos largos para los pies.

32

3 Esboce líneas de referencia para el brazo derecho de la figura, que rodea la parte superior de las piernas. Añada un círculo para el codo y un óvalo para la mano.

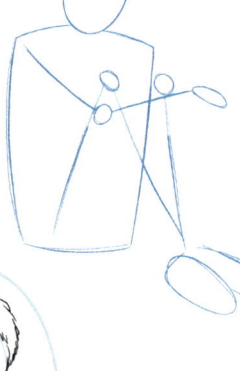

4 Continúe con el brazo izquierdo, que rodea y pasa por debajo del derecho, y añada líneas de referencia para el codo y la mano.

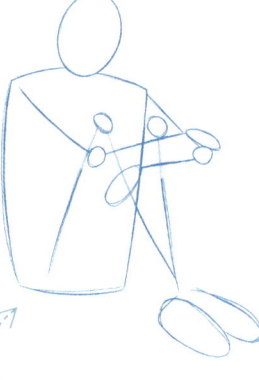

5 Céntrese en la cabeza y esboce los rasgos faciales y la oreja (la otra oreja no se ve). Dibuje el pelo, perfeccione la forma de la cara y añada el cuello.

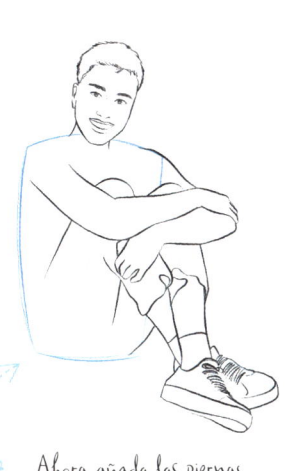

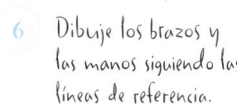

6 Dibuje los brazos y las manos siguiendo las líneas de referencia.

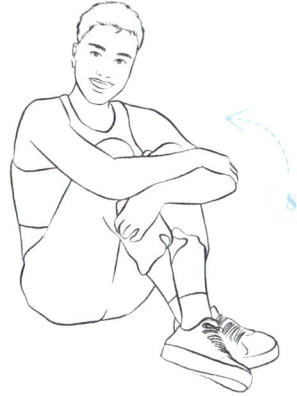

Ahora añada las piernas y los detalles de los pantalones, los calcetines y los zapatos.

8 Continúe con la parte superior del cuerpo, perfilando los hombros y el torso y añadiendo la camiseta.

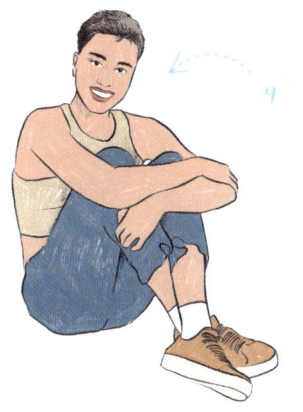

9 Coloree el dibujo.

10 Añada tonos más oscuros para aportar más profundidad y dimensión a la ilustración. Por último, con unas pocas líneas, dibuje una sombra debajo de la figura.

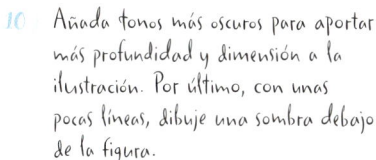

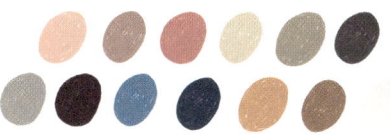

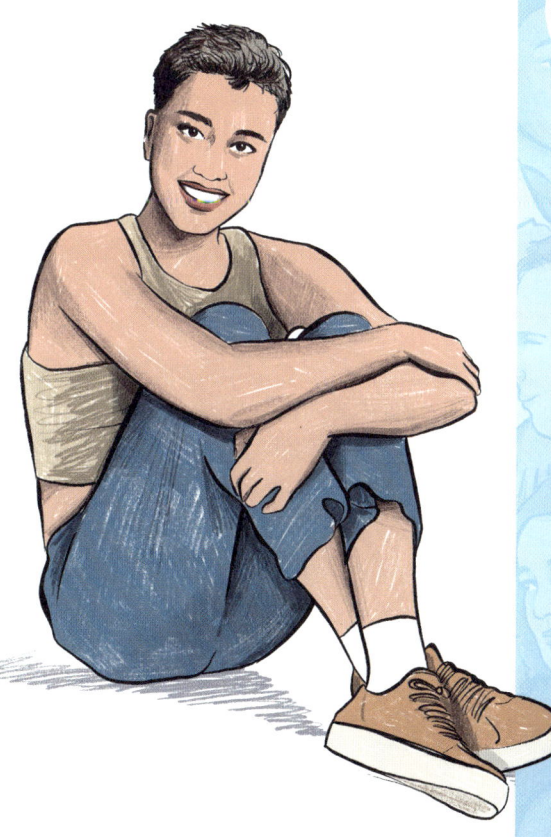

Sentado en una silla

En este difícil ejercicio hay muchas formas y ángulos que plasmar.
La vista de la silla de ruedas es bastante compleja, con zonas parcialmente ocultas.

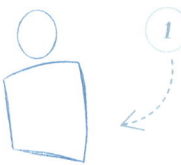

1 Dibuje una forma ovalada para la cabeza y una forma cuadrada para el torso.

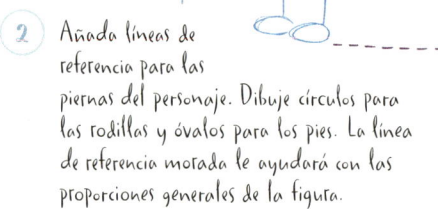

2 Añada líneas de referencia para las piernas del personaje. Dibuje círculos para las rodillas y óvalos para los pies. La línea de referencia morada le ayudará con las proporciones generales de la figura.

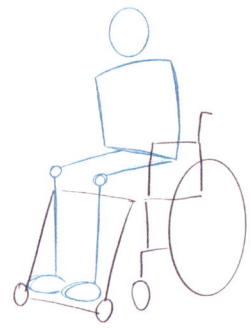

3 Esboce líneas de referencia para la silla de ruedas en la parte inferior de la figura.

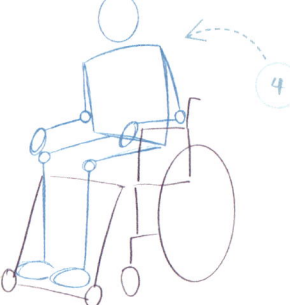

4 Añada líneas de referencia para los brazos, que se apoyan en la silla. Dibuje círculos para los codos y óvalos para las manos.

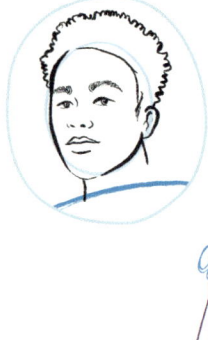

5 Céntrese en la cabeza y dibuje los rasgos faciales. Añada el pelo y dos líneas para el cuello.

34

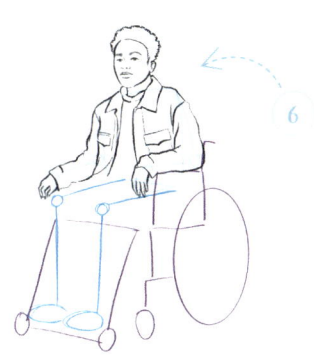

6 Trace el contorno y los pliegues de la ropa alrededor de la parte superior del cuerpo y añada las manos.

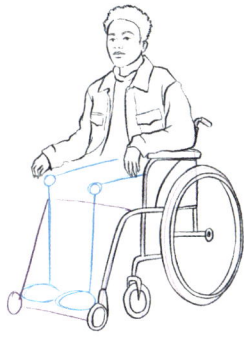

7 Dibuje los detalles de la silla de ruedas en el lado izquierdo de la figura. Por ahora, deje la zona de la derecha, ya que quedará oculta por las piernas.

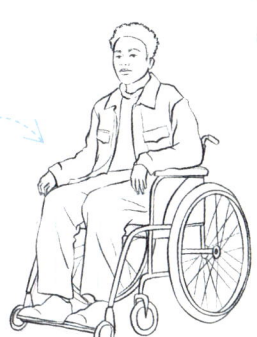

8 Dibuje las piernas y los pies, añadiendo los pantalones y los zapatos, y luego dibuje el resto de los detalles de la silla de ruedas.

9 Coloree el dibujo.

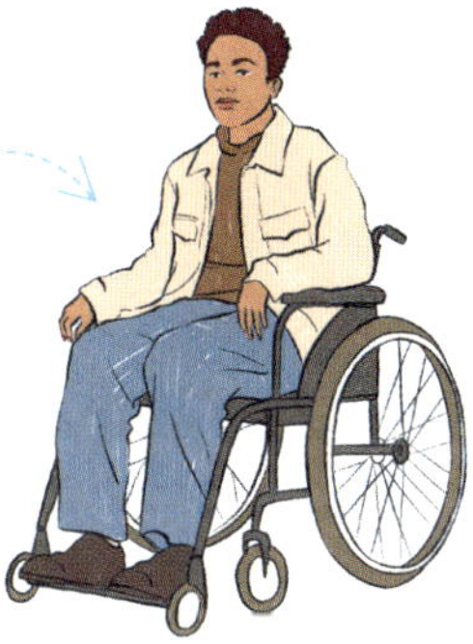

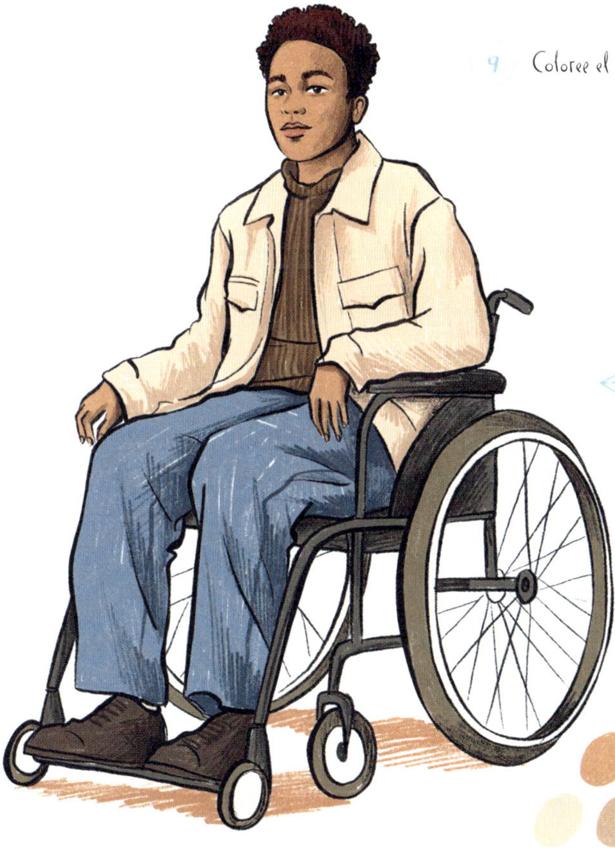

10 Aplique tonos más oscuros para dar más profundidad y dimensión a la ilustración. Por último, con unos trazos cortos, cree una sombra debajo de la figura.

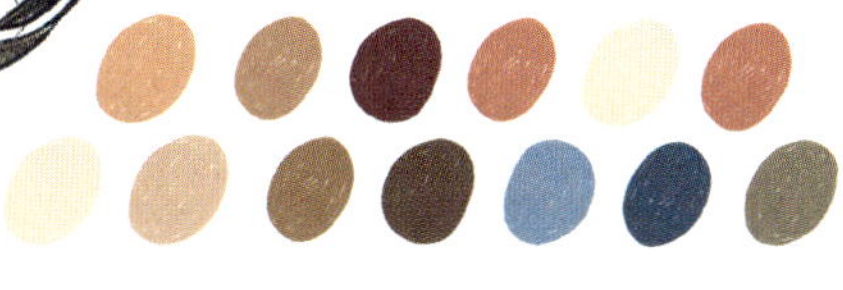

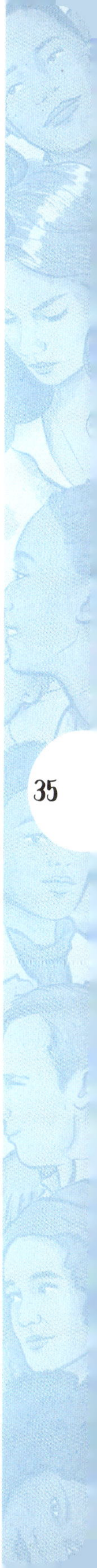

Sentado en una silla con las piernas cruzadas

Practique dibujando una posición en la que varias zonas de la figura queden ocultas debido a la perspectiva baja.

1. Empiece con un óvalo a modo de guía para la cabeza y una línea corta por debajo para el cuello. Añada líneas de referencia para los hombros y la parte superior del torso.

2. Añada las piernas del personaje, que están cruzadas. Dibuje círculos para las rodillas y óvalos para los pies.

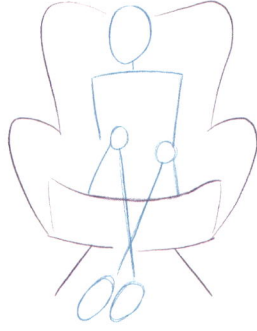

3. Dibuje un contorno aproximado del sillón.

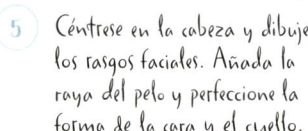

4. Cree el contorno de los pantalones, los tobillos y los zapatos. Añada los detalles de los pliegues de la tela y los cordones de los zapatos.

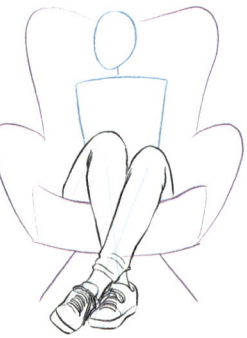

5. Céntrese en la cabeza y dibuje los rasgos faciales. Añada la raya del pelo y perfeccione la forma de la cara y el cuello.

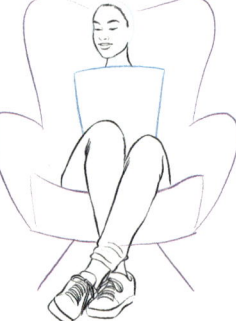

36

6 Dibuje los auriculares y el pelo rizado y, luego, añada los hombros y la parte superior de la ropa.

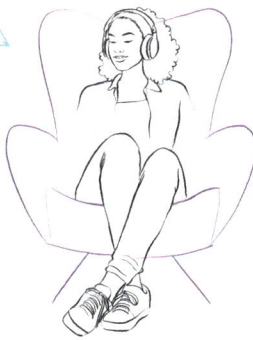
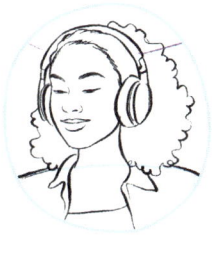

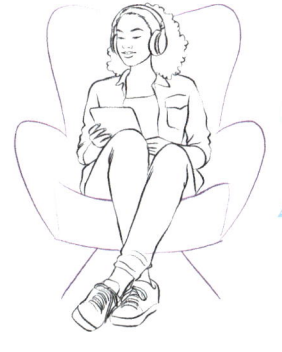

7 Añada los brazos y las manos y la tableta que sujeta el personaje. Fíjese en que algunas partes quedan ocultas detrás de las rodillas y las piernas. Continúe dibujando la ropa.

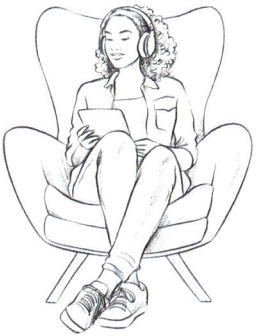

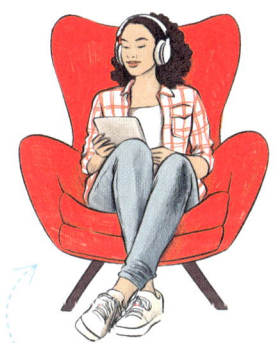

8 Perfeccione y añada detalles al sillón. Aplique sombreado donde las sombras caerían de forma natural.

9 Coloree el dibujo.

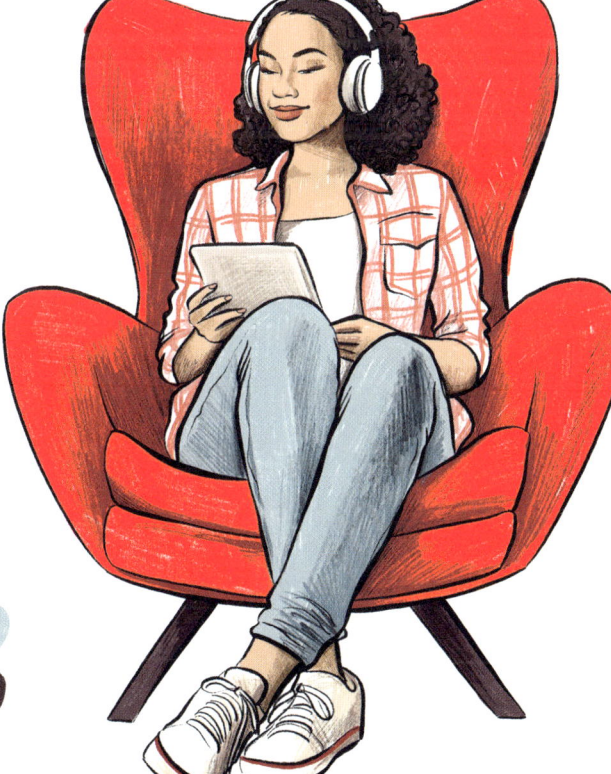

10 Por último, añada tonos más oscuros para crear más profundidad y dimensión.

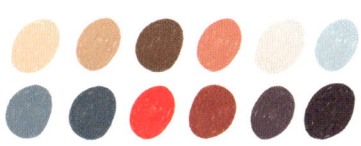

Poses cotidianas
Sentado en un sofá con los pies en alto

La perspectiva desde abajo de esta figura un poco recostada ofrece la oportunidad de practicar el escorzo en el pie izquierdo de la figura.

1 Dibuje un óvalo como guía para la cabeza y una forma debajo para el torso. En esta fase no hace falta dibujar el cuello.

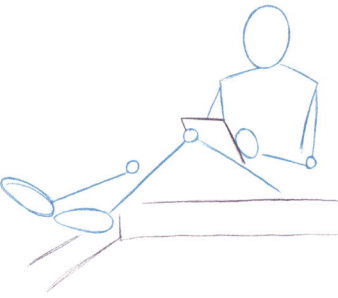

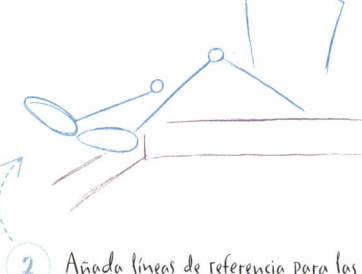

2 Añada líneas de referencia para las piernas, que están ligeramente dobladas y más o menos perpendiculares a la parte superior del cuerpo. La pierna derecha del personaje queda parcialmente oculta tras la izquierda. Dibuje círculos para las rodillas y óvalos para los pies, y después añada algunas líneas para el sofá.

3 Trace líneas de referencia para los brazos y un círculo para el codo izquierdo y la mano del personaje. Añada la tableta que sujeta, apoyada en la pierna.

4 Céntrese en la cabeza: dibuje los rasgos faciales, el pelo, las orejas y el cuello, y perfeccione la forma de la cara.

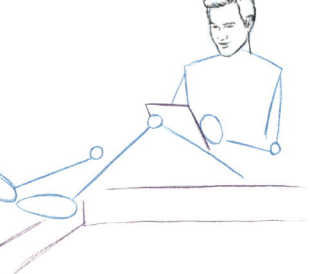

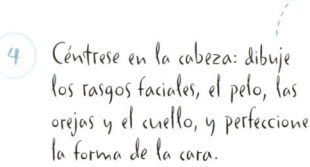

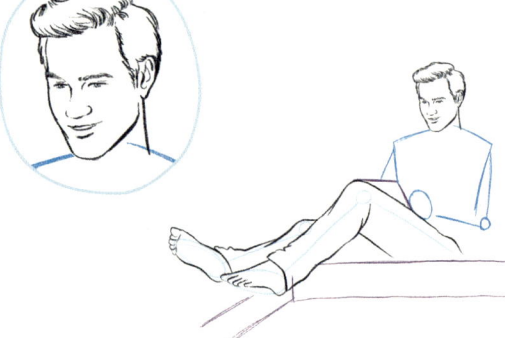

5 Esboce los pantalones, añadiendo pliegues a la tela. Dibuje los pies, prestando atención a las proporciones y la perspectiva.

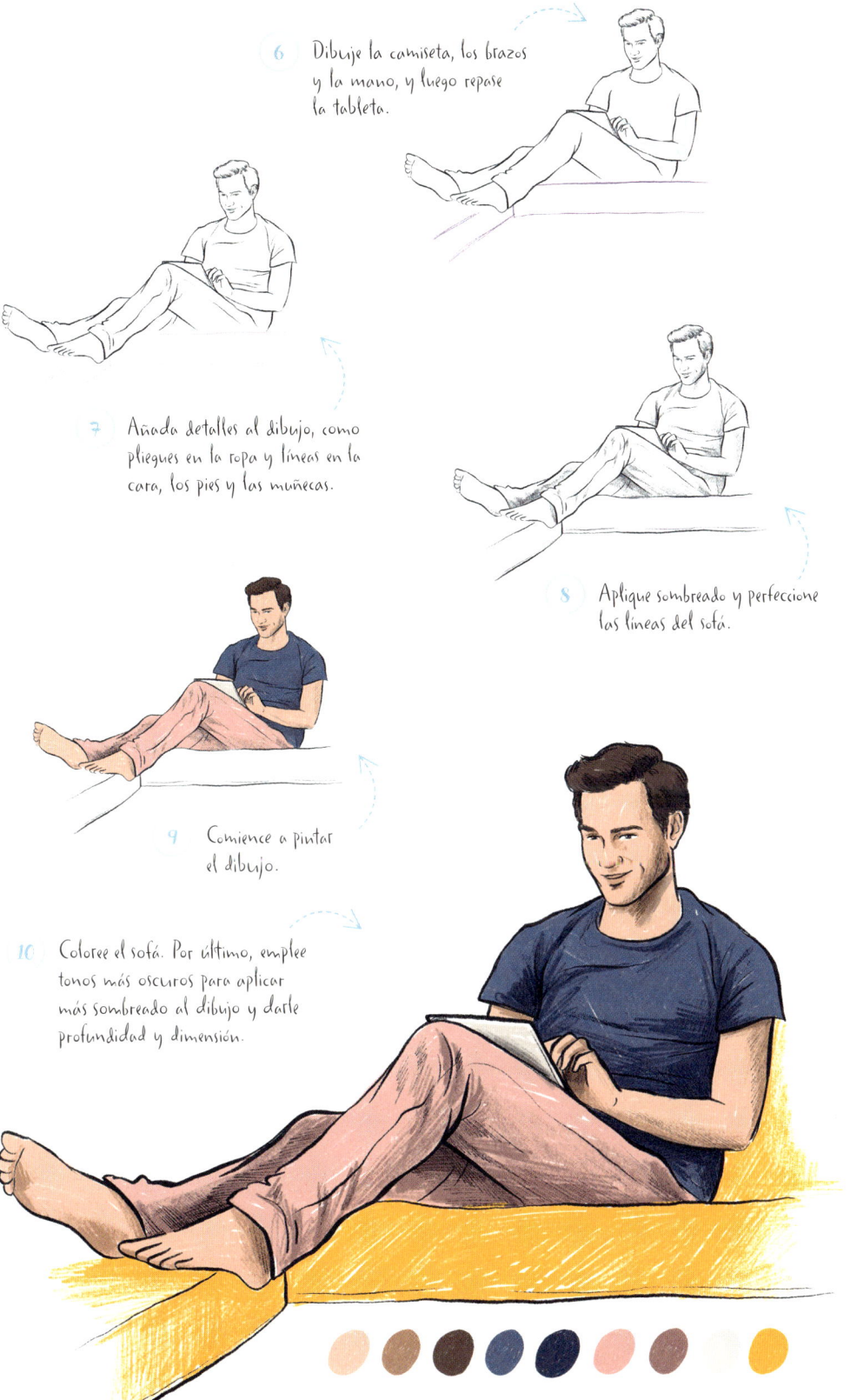

6 Dibuje la camiseta, los brazos y la mano, y luego repase la tableta.

7 Añada detalles al dibujo, como pliegues en la ropa y líneas en la cara, los pies y las muñecas.

8 Aplique sombreado y perfeccione las líneas del sofá.

9 Comience a pintar el dibujo.

10 Coloree el sofá. Por último, emplee tonos más oscuros para aplicar más sombreado al dibujo y darle profundidad y dimensión.

Tumbado boca arriba

Esta postura informal y relajada se ve desde arriba. Con los brazos de la figura cruzados detrás de la cabeza y las piernas cruzadas, se pueden explorar diversas formas.

1 Empiece con un eje diagonal dividido en seis segmentos iguales para ayudar a trazar las proporciones. En el primer segmento, esboce una forma ovalada para la cabeza.

2 A continuación, añada líneas de referencia para el torso.

3 Esboce los brazos en la parte superior del torso, con círculos para los codos. Las manos quedan ocultas tras la cabeza del personaje. Dibuje las piernas cruzadas, añadiendo un círculo para la rodilla y óvalos para los pies.

4 Perfile el contorno de la cabeza y dibuje los rasgos faciales. Añada pelo alrededor de la parte superior de la cabeza y líneas para el cuello.

5 Añada la chaqueta del personaje al torso y los brazos.

40

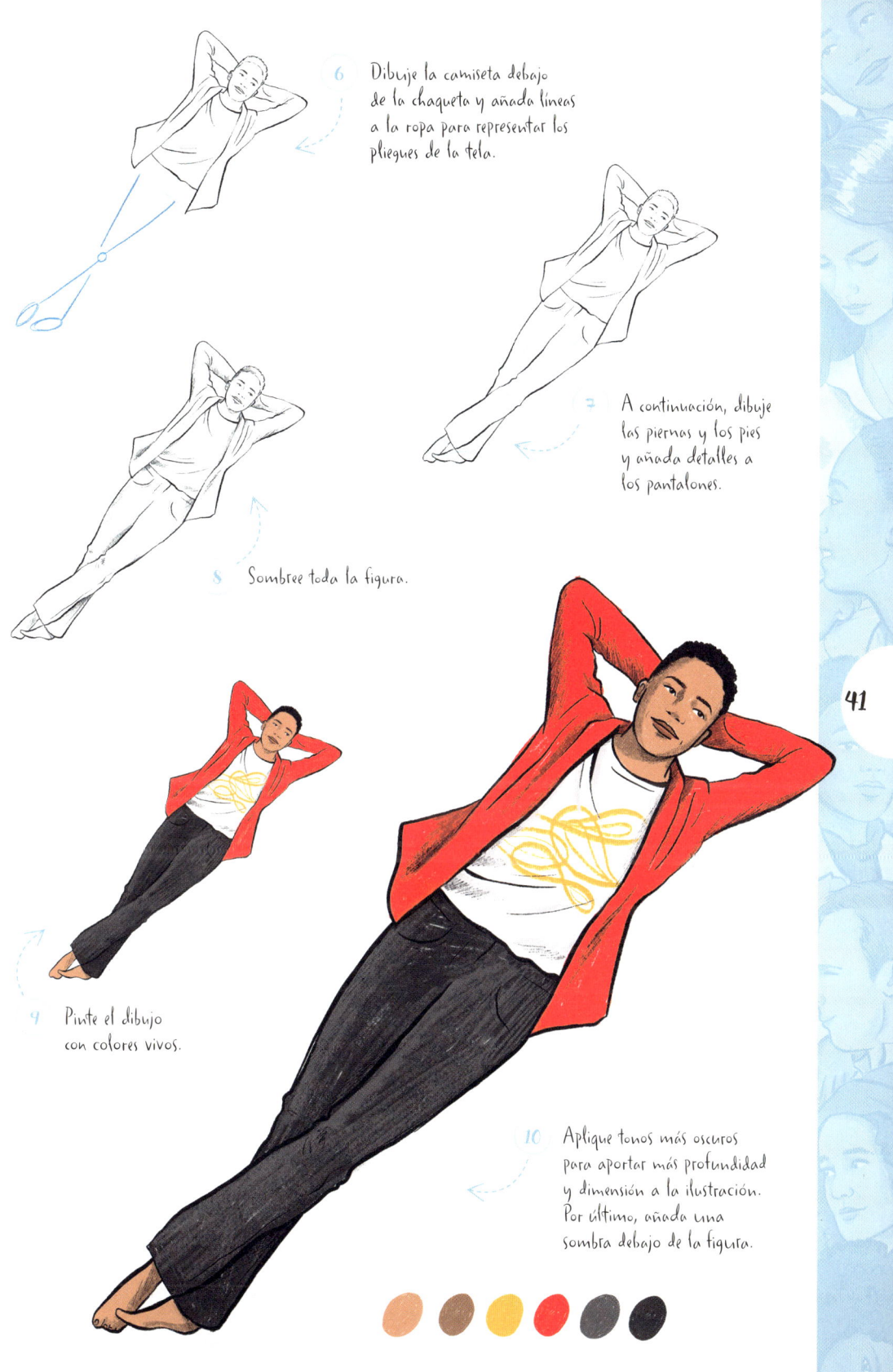

6 Dibuje la camiseta debajo de la chaqueta y añada líneas a la ropa para representar los pliegues de la tela.

7 A continuación, dibuje las piernas y los pies y añada detalles a los pantalones.

8 Sombree toda la figura.

9 Pinte el dibujo con colores vivos.

10 Aplique tonos más oscuros para aportar más profundidad y dimensión a la ilustración. Por último, añada una sombra debajo de la figura.

Poses cotidianas
Tumbado de frente

Esta figura, apoyada sobre los codos, con el torso levantado y las piernas flexionadas, ofrece la oportunidad de ilustrar una pose difícil.

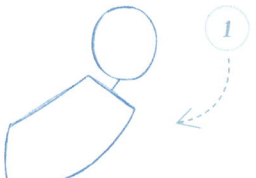

1 Esboce un círculo para la cabeza, una pequeña línea por debajo, inclinada hacia la izquierda, para el cuello y una forma para el torso. Fíjese en cómo el torso se curva hacia abajo y hacia la izquierda.

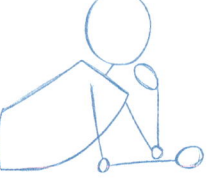

2 Añada líneas de referencia para los brazos, utilizando círculos para los codos y óvalos para las manos.

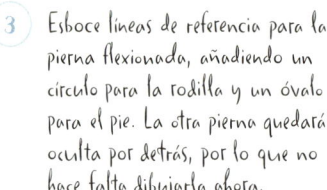

3 Esboce líneas de referencia para la pierna flexionada, añadiendo un círculo para la rodilla y un óvalo para el pie. La otra pierna quedará oculta por detrás, por lo que no hace falta dibujarla ahora.

4 Dibuje el perfil de la cabeza, añadiendo los rasgos faciales, la oreja y el pelo.

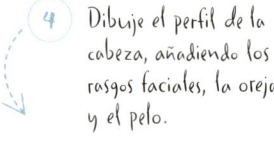

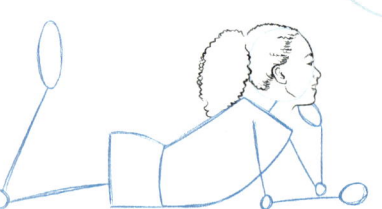

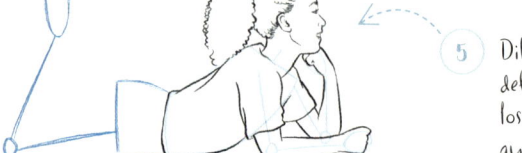

5 Dibuje ahora el cuello del personaje, la camiseta, los brazos y las manos, que se cierran en puños.

6 Añadamos la pierna derecha, el pantalón y el pie del personaje.

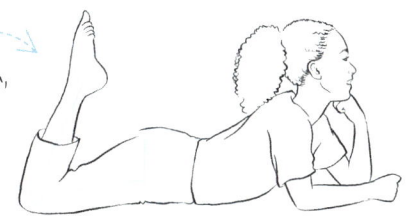

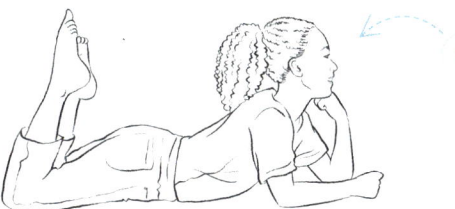

7 Dibuje la otra pierna y el otro pie. A continuación, añada detalles como pliegues en la ropa y rizos en el pelo.

8 Aplique sombreado por toda la figura.

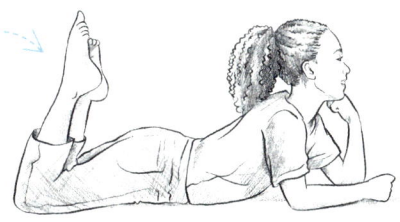

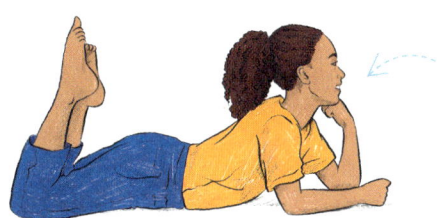

9 Pinte el dibujo con colores vivos.

10 Utilice tonos más oscuros para crear más profundidad y dimensión, así como las rayas de la camiseta. Por último, con unos pocos trazos, añada una sombra debajo del personaje.

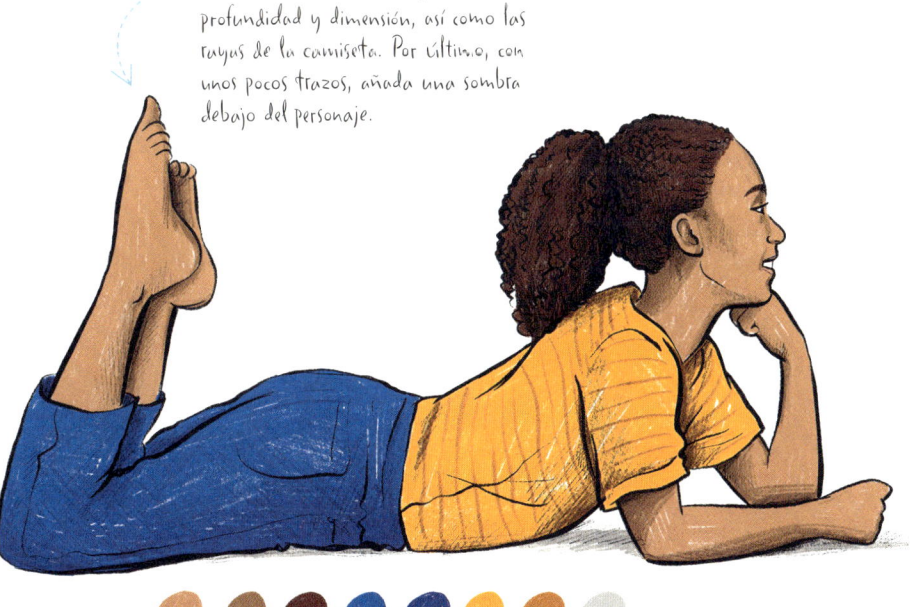

Poses cotidianas
Tumbado de lado

Utilice líneas fluidas para dibujar esta figura tumbada. Una serie de pequeñas formas curvas confieren a su pelo unos rizos voluminosos.

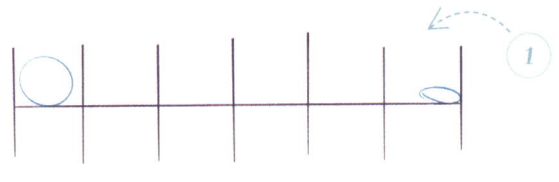

1 Empiece dibujando un eje horizontal dividido en seis segmentos iguales para facilitar la representación de las proporciones. Esboce un círculo para la cabeza en el primer segmento y un óvalo para los pies en el último.

2 Añadamos el hombro y el brazo izquierdos del personaje, doblados hacia delante, y un óvalo para la mano.

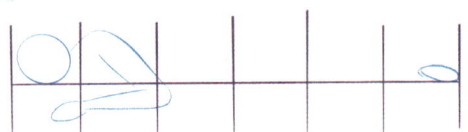

3 Esboce el resto del cuerpo, fijándose en la ubicación de cada articulación a lo largo del eje.

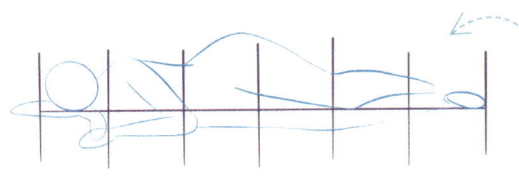

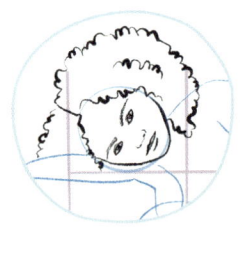

4 Perfeccione el contorno de la cabeza y añada los rasgos faciales y el pelo.

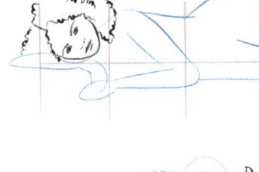

5 Perfeccione los brazos y las manos del personaje y añada líneas para el cuello y el escote de la parte superior.

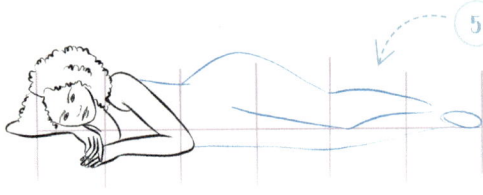

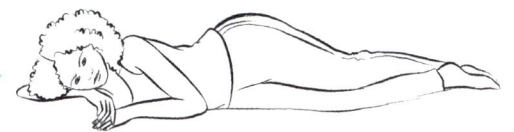

6 Céntrese en la forma de las extremidades, añadiendo detalles y curvas para definir los músculos y los contornos. Añada detalles a la ropa.

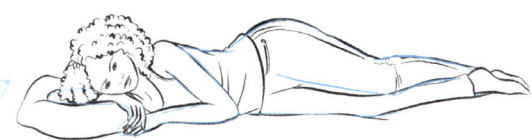

7 Esboce más detalles en toda la figura, incluyendo líneas curvas para el pelo y trazos cortos para los pliegues de la ropa. Dibuje la forma de la almohada debajo de la cabeza de la figura.

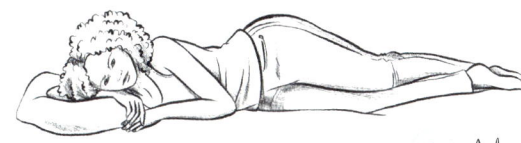

8 Aplique sombreado en la figura.

9 Coloree el personaje.

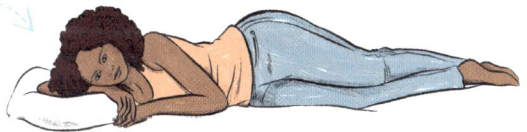

10 Añada tonos más oscuros para dar más profundidad y dimensión a la ilustración. Por último, cree una sombra debajo de la figura.

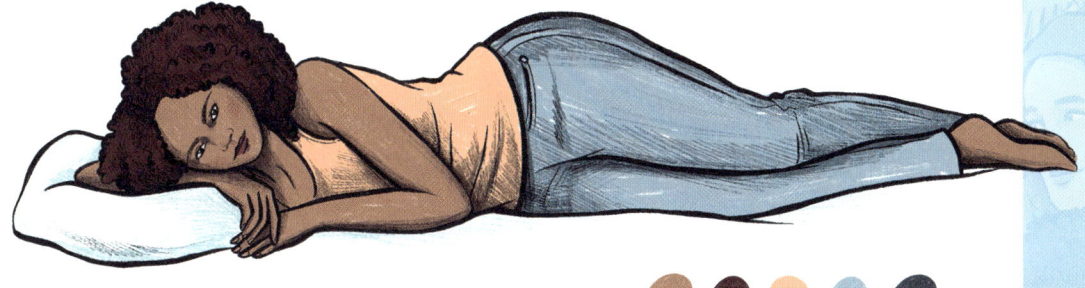

Bebé tumbado boca arriba

Este es un ejercicio excelente para observar la forma y las proporciones del cuerpo de un recién nacido, que está ligeramente acurrucado mientras duerme.

1 Empiece con una forma circular a modo de guía para la cabeza. Para el cuerpo, dibuje una forma rectangular que duplique aproximadamente la longitud de la cabeza.

2 Dibuje líneas de referencia para los brazos, con círculos para los codos y las manos. El brazo derecho del bebé debe estar doblado, con la mano cerca de la cabeza. El brazo izquierdo debe descansar junto al cuerpo, un poco doblado para que resulte natural.

3 Añada líneas de referencia para las piernas, con círculos para las rodillas. Las piernas están dobladas, por lo que veremos sobre todo la parte inferior, desde las rodillas hasta los pies. Dibuje pequeños óvalos como guías para los pies.

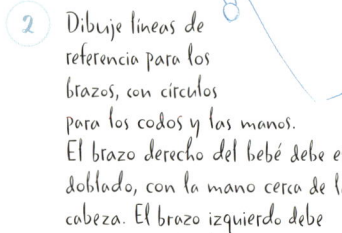

4 Dentro de la forma de la cabeza, dibuje los rasgos faciales del bebé y la línea del pelo. Luego, dibuje la oreja.

5 Siguiendo las líneas de referencia, empiece a dibujar los brazos, las manos, las piernas y los pies. Utilice líneas ligeramente curvas y evite los ángulos pronunciados.

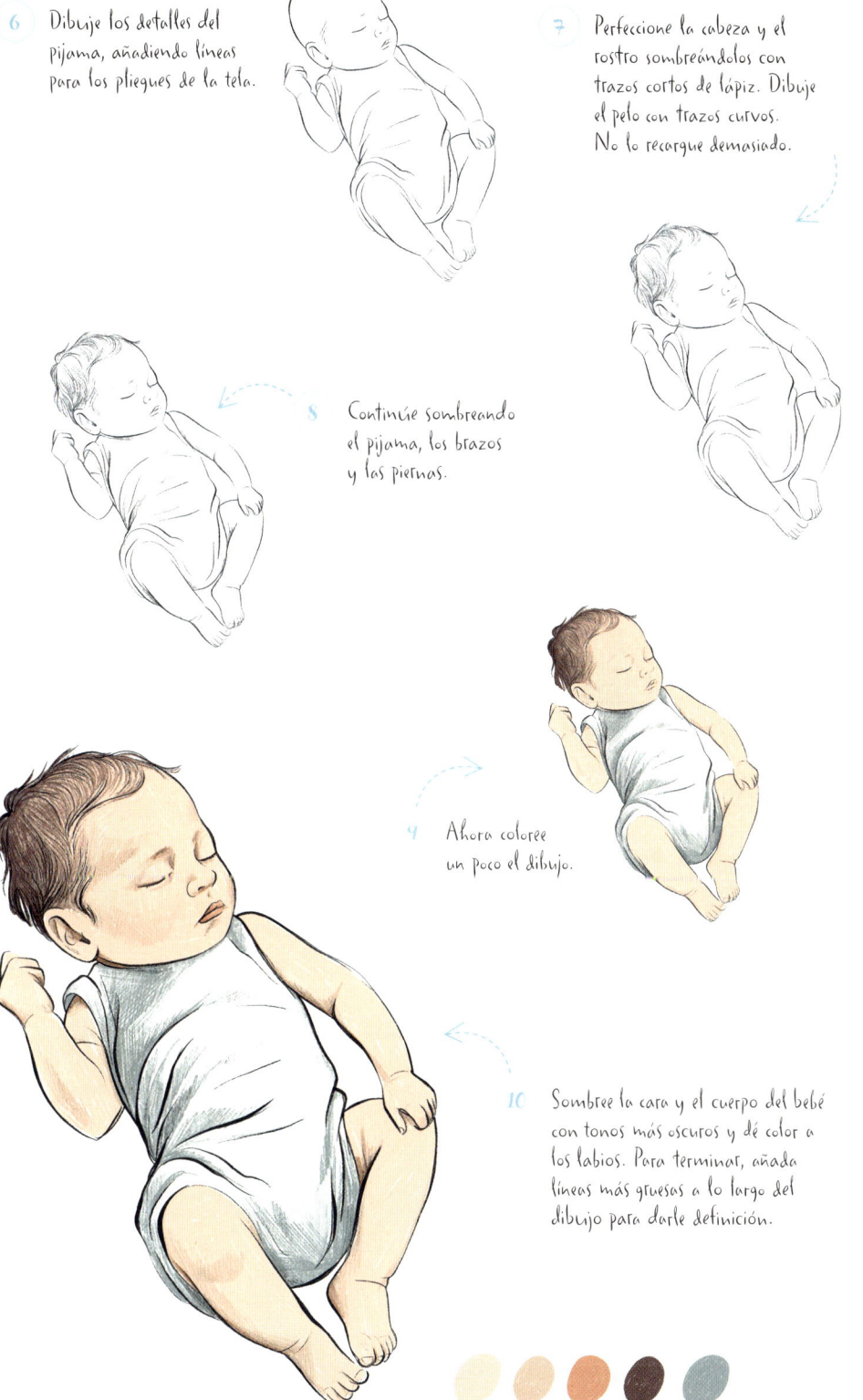

6 Dibuje los detalles del pijama, añadiendo líneas para los pliegues de la tela.

7 Perfeccione la cabeza y el rostro sombreándolos con trazos cortos de lápiz. Dibuje el pelo con trazos curvos. No lo recargue demasiado.

8 Continúe sombreando el pijama, los brazos y las piernas.

9 Ahora coloree un poco el dibujo.

10 Sombree la cara y el cuerpo del bebé con tonos más oscuros y dé color a los labios. Para terminar, añada líneas más gruesas a lo largo del dibujo para darle definición.

Agachado

Esta compleja pose se simplifica si observamos las formas y los ángulos que componen las piernas y los brazos flexionados y el torso ligeramente curvado.

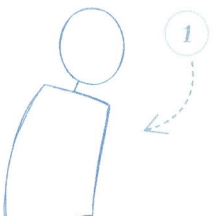

1 Empiece dibujando un círculo a modo de guía para la cabeza. Añada una línea para el cuello y una forma rectangular para el torso. Como la persona está agachada, el torso está ligeramente inclinado hacia delante.

2 Añada líneas de referencia para las caderas y la pierna derecha, que está doblada, ya que el personaje está agachado. Trace un círculo para la rodilla y un óvalo que se curve hacia dentro por un lado para representar el pie flexionado con el talón levantado del suelo.

3 Esboce la pierna izquierda doblada. Preste atención a los ángulos y las proporciones. Añada una guía para el pie izquierdo.

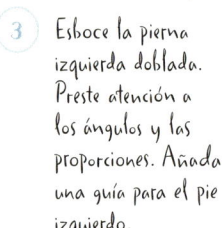

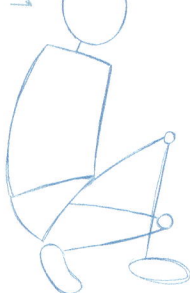

4 Dibuje líneas de referencia para los brazos, que están doblados por delante de la cabeza del personaje. Añada círculos para los codos y óvalos para las manos. Esboce la forma aproximada de la cámara.

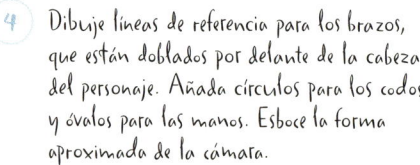

5 Siguiendo las líneas de referencia, dibuje los brazos del jersey, las manos y la cámara.

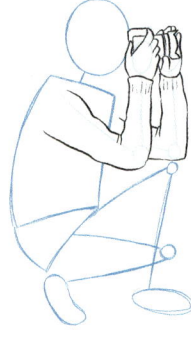

48

6   Ahora trabaje en la forma
    de la cara, añadiendo los rasgos
    faciales y las orejas. La cara
    queda parcialmente tapada por
    la cámara. Añada la oreja y
    el pelo, y continúe con el jersey.

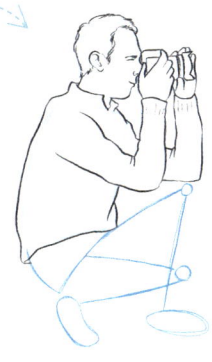
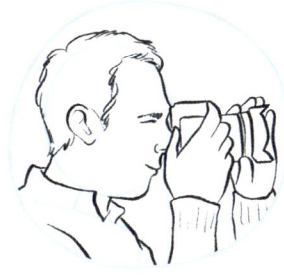

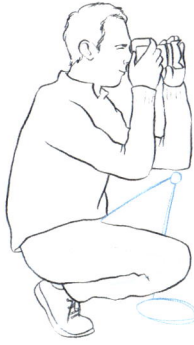

7   Dibuje los pantalones
    y el zapato en la pierna
    derecha del personaje.
    Tenga en cuenta la
    posición de la rodilla y
    el tobillo. El pie está
    doblado por debajo de
    la pierna.

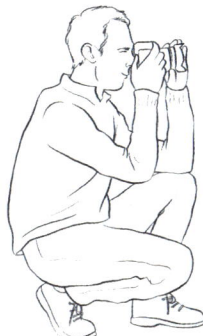

8   Añada detalles a
    la pierna izquierda
    y dibuje el zapato.
    Esboce pliegues y
    arrugas en la ropa
    para representar el
    movimiento de la tela.

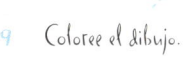

9   Coloree el dibujo.

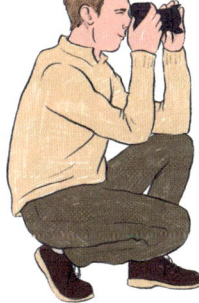

10 Utilice tonos más oscuros para aplicar el
    sombreado y generar más profundidad y
    dimensión, y dibuje líneas debajo de la figura
    para representar su sombra. Por último, repase
    el dibujo con una pluma más gruesa,
    perfeccionando los contornos y añadiendo
    detalles para que quede más pulido.

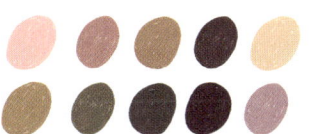
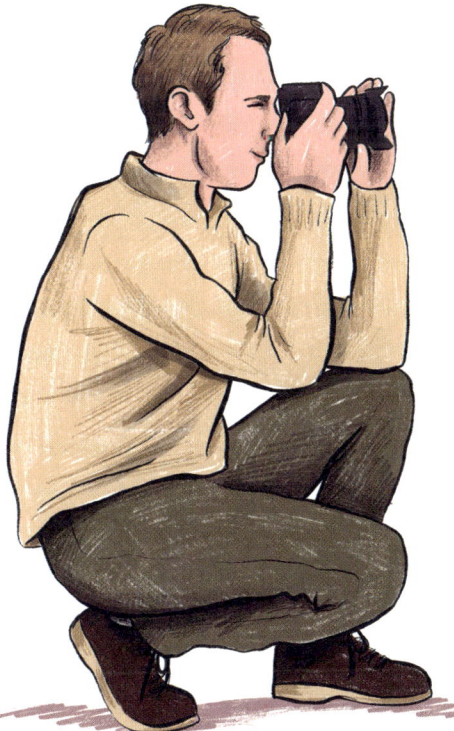

Apoyado

Esta figura, que adopta una postura relajada con el torso encorvado y una pierna doblada, está apoyada en una pared mientras mira el móvil.

1 Trace un eje vertical dividido en seis segmentos iguales para facilitar el dibujo de las proporciones. Añada una forma circular dentro del segmento superior a modo de guía para la cabeza. Fíjate en que está un poco descentrada.

2 Esboce el cuello y el torso, utilizando dos segmentos como guías para la longitud. El cuello está inclinado hacia la izquierda y el torso se curva hacia la derecha.

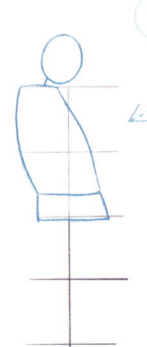

50

3 Continúe con la parte inferior de la figura, añadiendo una pierna doblada. Dibuje un círculo para la rodilla y un óvalo para el pie, que apunta hacia abajo.

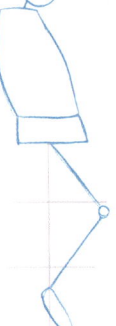

4 Trace la segunda pierna, que está recta. Añada un círculo para la rodilla y un óvalo para el pie, que queda parcialmente oculto. Ahora trace un brazo doblado sobre el pecho, añadiendo un círculo para el codo y un óvalo para la mano. Añada una línea vertical para representar la pared contra la que se apoya la figura.

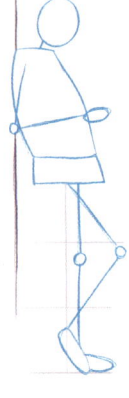

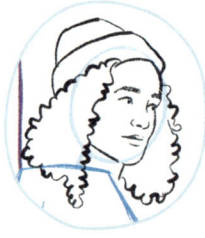

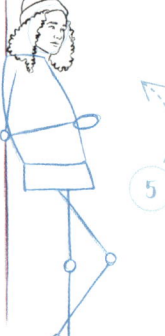

5 Céntrese en la cabeza. Esboce el pelo y el gorro dentro y alrededor del círculo. Añada el cuello y los rasgos faciales y perfeccione la forma de la cara.

6 Dibuje el brazo de la sudadera y la mano. Añada un teléfono móvil en la mano del personaje.

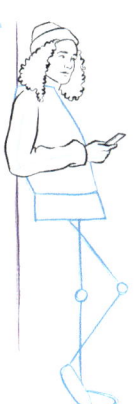

7 Dibuje el resto de la sudadera y pase a la pierna y el pie: el personaje lleva pantalones ajustados y sandalias.

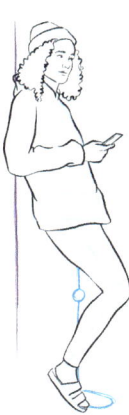

8 Continúe con la otra pierna y el otro pie. Dibuje algunas líneas sobre la ropa para representar los pliegues de la tela.

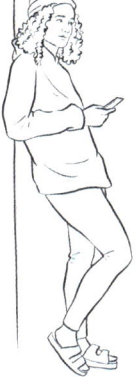

9 Coloree el dibujo.

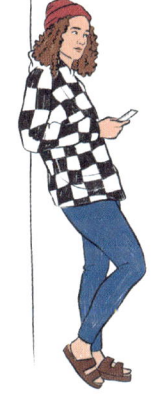

10 Añada los otros colores a la sudadera y, a continuación, utilice tonos más oscuros en el dibujo para crear sombreados. Por último, trace unas líneas para representar la sombra a los pies del personaje.

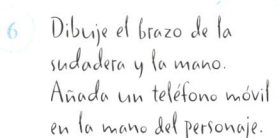

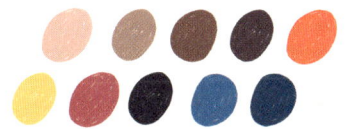

Señalando con el dedo

Unas sutiles curvas ayudan a representar la postura de este anciano, que está algo echado hacia atrás, con la cabeza ligeramente inclinada en la dirección que señala.

1 Empiece dibujando un eje vertical dividido en seis segmentos iguales para ayudarle a trazar las proporciones. Dibuje un círculo para la cabeza dentro del segmento superior.

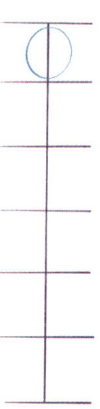

2 Añada guías para el cuello, los hombros y el torso. Fíjese en la inclinación del torso.

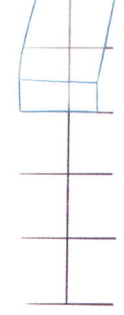

3 Esboce líneas de referencia para los brazos, añadiendo círculos para los codos y óvalos para las manos. El brazo derecho está un poco doblado y estirado en la dirección hacia la que apunta la figura. El brazo izquierdo también está doblado, con la mano tocando la parte inferior de la cadera.

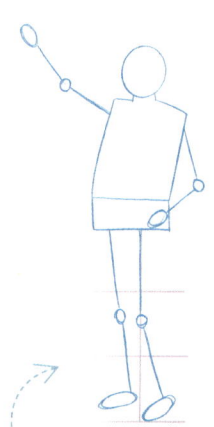

4 Ahora trace las líneas de referencia de las piernas, que están en una postura relajada. Añada círculos para las rodillas y óvalos para los pies.

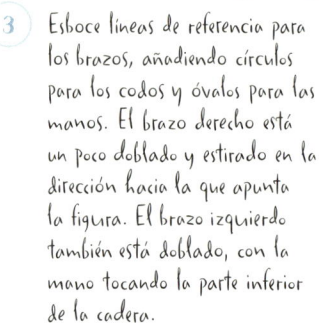

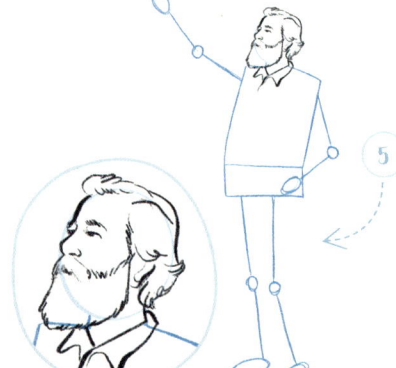

5 Añada los rasgos faciales a la cabeza. Como la figura está señalando, es posible que quiera representar una expresión concentrada. Dibuje el pelo y la barba con pequeños trazos. Añada el cuello del personaje y el cuello de la camisa.

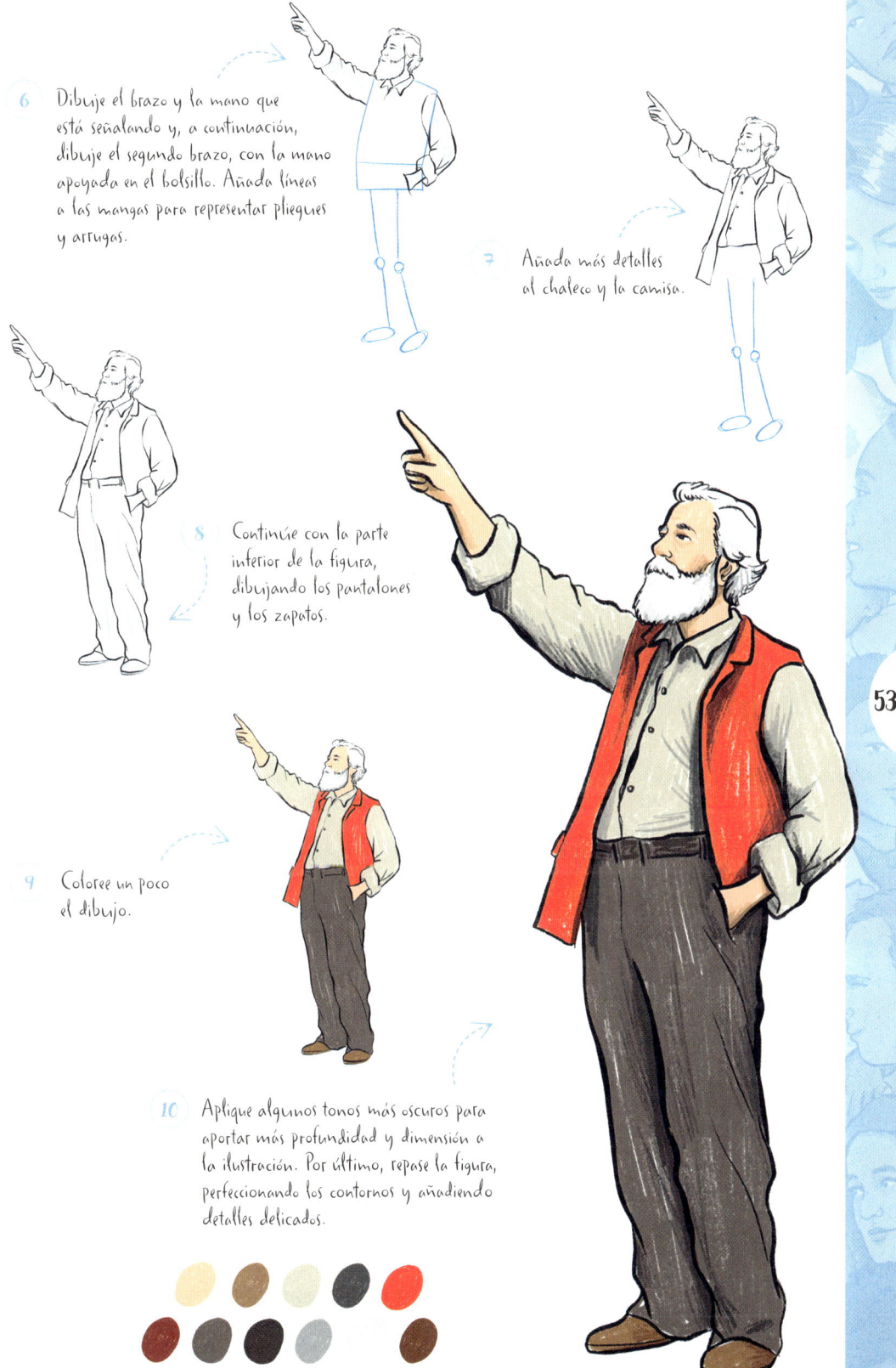

6 Dibuje el brazo y la mano que está señalando y, a continuación, dibuje el segundo brazo, con la mano apoyada en el bolsillo. Añada líneas a las mangas para representar pliegues y arrugas.

7 Añada más detalles al chaleco y la camisa.

8 Continúe con la parte inferior de la figura, dibujando los pantalones y los zapatos.

9 Coloree un poco el dibujo.

10 Aplique algunos tonos más oscuros para aportar más profundidad y dimensión a la ilustración. Por último, repase la figura, perfeccionando los contornos y añadiendo detalles delicados.

Saludando con la mano

El ángulo de la cabeza de esta figura, su expresión participativa y la posición de los dedos de la mano que saluda ayudan a reflejar un momento de reconocimiento.

1 Dibuje un círculo para la cabeza y, a continuación, trace las líneas de referencia para el cuello y el torso.

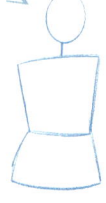

2 Añada las piernas, las rodillas y el pie derecho de la figura. La pierna izquierda queda oculta detrás de la derecha en la parte inferior. La línea de referencia morada le ayudará con las proporciones.

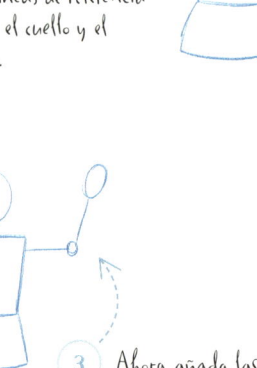

3 Ahora añada las líneas de referencia para los brazos. El brazo izquierdo de la figura está doblado y levantado. Dibuje círculos y óvalos para los codos y las manos.

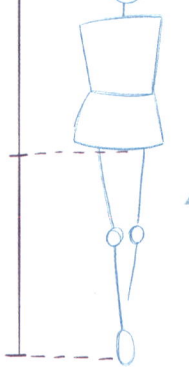

4 Céntrese en la cabeza y empiece a dibujar el pelo. Dibuje los rasgos faciales: puede representar una expresión neutra o una sonrisa amistosa. Añada líneas para el cuello.

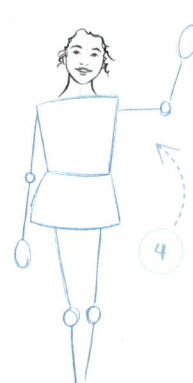

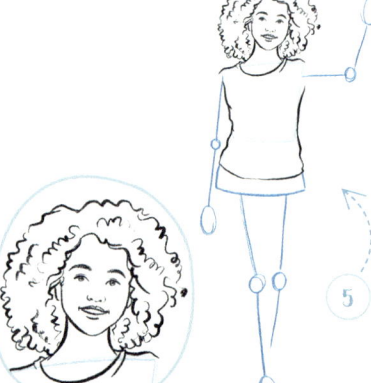

5 Continúe dibujando el pelo y empiece con la camiseta.

54

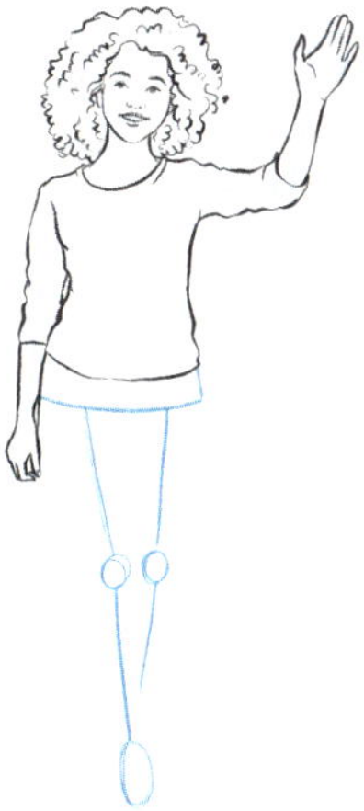

6 Prosiga con las mangas de la camiseta, los brazos y las manos. Preste atención a la posición de los dedos, que deben estar ligeramente curvados.

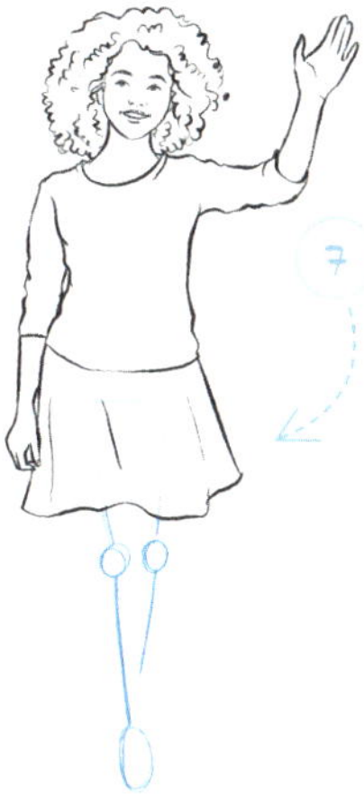

7 Dibuje la falda, añadiendo líneas para mostrar el movimiento de la tela.

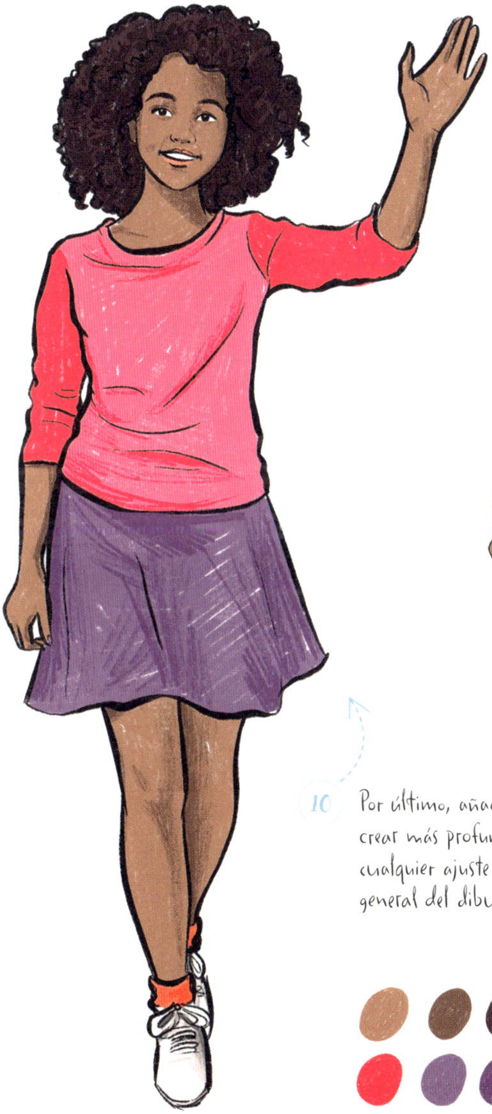

8 Finalice el contorno dibujando las piernas, los calcetines y los zapatos.

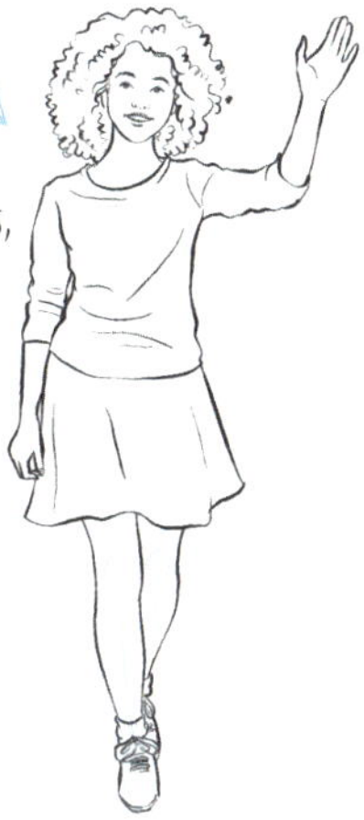

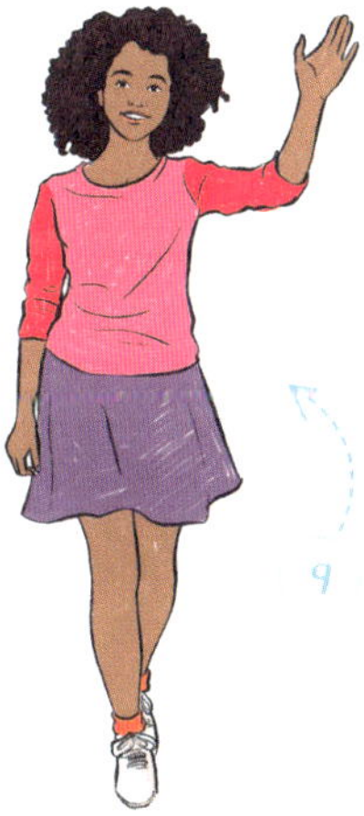

9 Coloree el dibujo con colores vivos.

10 Por último, añada tonos más oscuros para crear más profundidad y dimensión y haga cualquier ajuste para mejorar el aspecto general del dibujo.

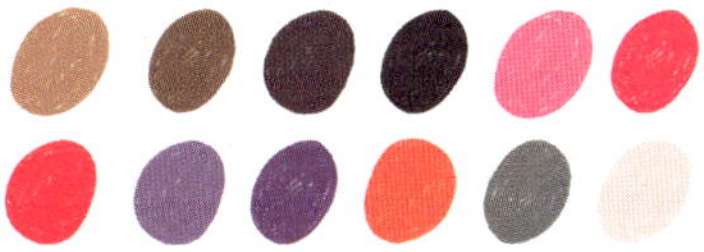

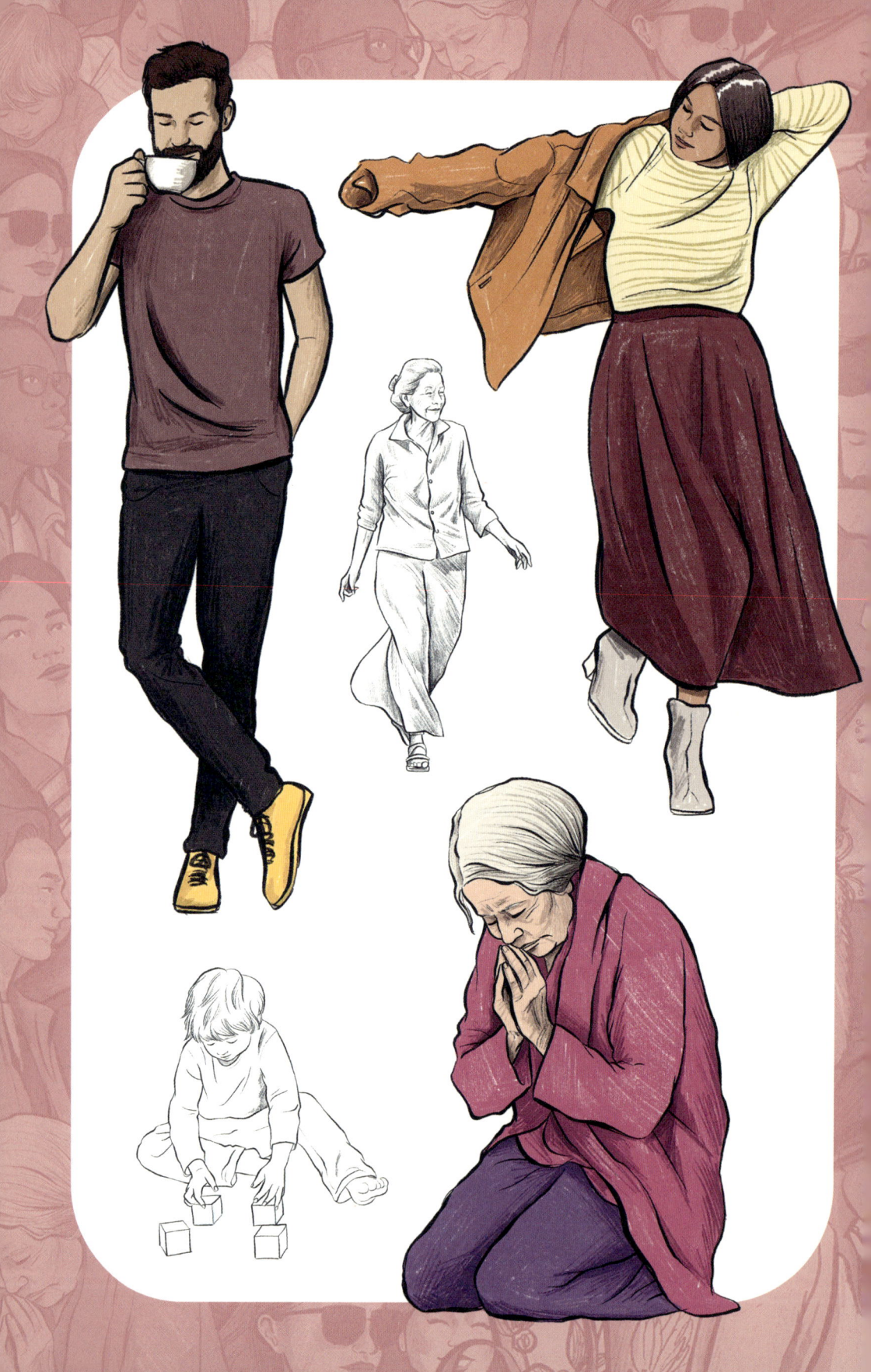

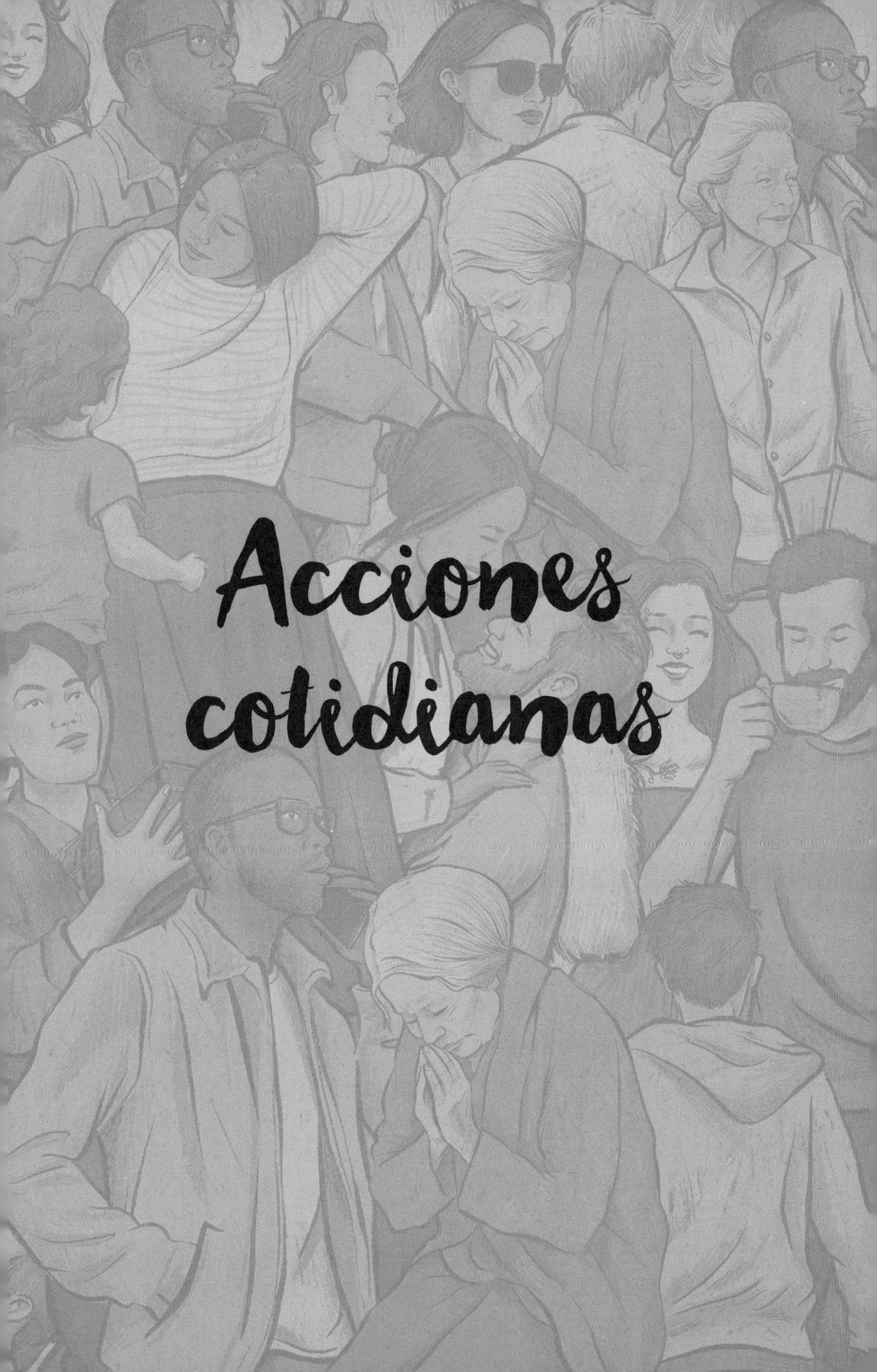

Acciones cotidianas

Caminando

Las líneas fluidas y curvas crean una sensación de movimiento en la larga falda de esta figura, así como la posición de sus brazos, que muestra un balanceo de los mismos.

1 Dibuje un eje vertical dividido en seis segmentos iguales para facilitar las proporciones. Esboce un óvalo en el segmento superior a modo de guía para la cabeza y una línea curva detrás para el pelo.

2 Añada el torso, utilizando dos segmentos como guías para la longitud.

3 Dibuje una pierna hacia delante y la otra hacia atrás, con la sección inferior tapada. Añada círculos para las rodillas y un óvalo para el pie de delante.

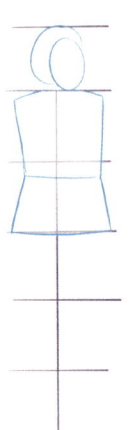

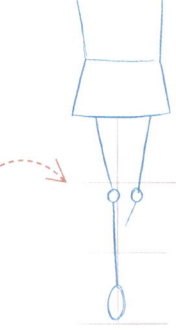

4 Esboce el brazo izquierdo de la figura hacia delante y el derecho ligeramente hacia atrás, balanceándose. Añada círculos para los codos y óvalos para las manos.

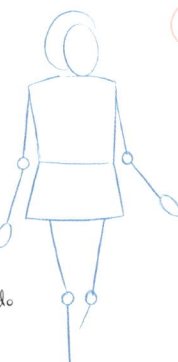

5 Dibuje los rasgos faciales. Como la cabeza de la figura está girada, un lado de la cara será más visible que el otro. Perfeccione la forma de la cara y añada el pelo, las orejas y el cuello.

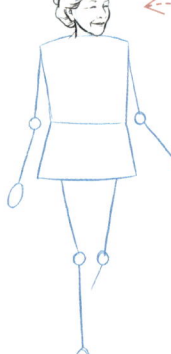

58

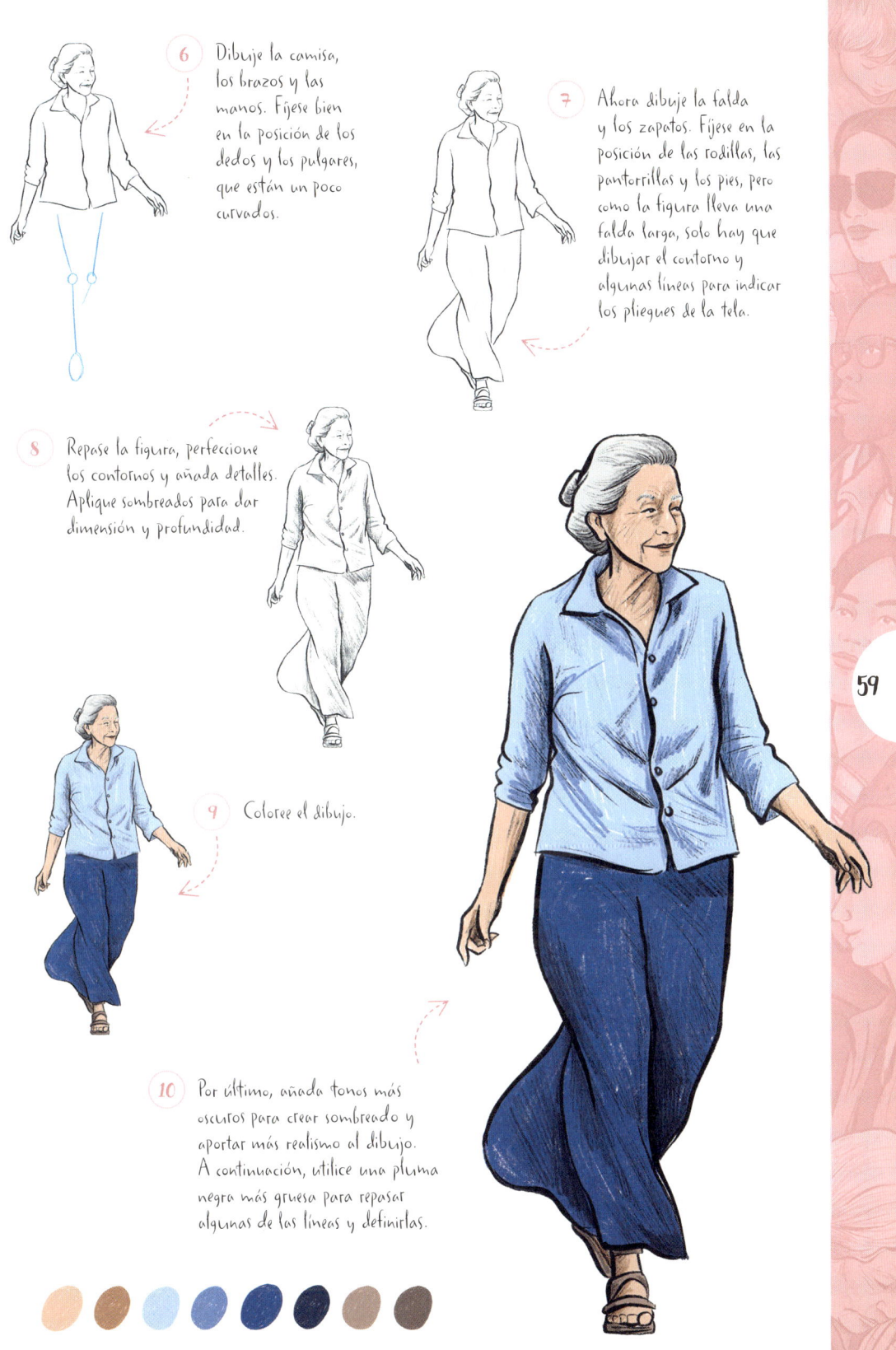

6 Dibuje la camisa, los brazos y las manos. Fíjese bien en la posición de los dedos y los pulgares, que están un poco curvados.

7 Ahora dibuje la falda y los zapatos. Fíjese en la posición de las rodillas, las pantorrillas y los pies, pero como la figura lleva una falda larga, solo hay que dibujar el contorno y algunas líneas para indicar los pliegues de la tela.

8 Repase la figura, perfeccione los contornos y añada detalles. Aplique sombreados para dar dimensión y profundidad.

9 Coloree el dibujo.

10 Por último, añada tonos más oscuros para crear sombreado y aportar más realismo al dibujo. A continuación, utilice una pluma negra más gruesa para repasar algunas de las líneas y definirlas.

Caminando, de espaldas

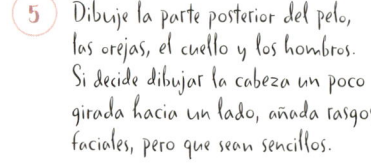

Esta figura se aleja a grandes zancadas del espectador. El peso recae sobre la pierna izquierda; la pierna derecha está un poco flexionada y se ve la planta del pie derecho.

1 Empiece dibujando un eje vertical dividido en seis segmentos iguales para facilitar el trazado de las proporciones. Añada un círculo dentro del segmento superior como guía para la cabeza.

2 Esboce el cuello y el torso, utilizando casi dos de los segmentos a modo de guía para la longitud.

3 Dibuje las piernas caminando, con una extendida hacia atrás y la otra doblada hacia delante. Añada círculos como guías para las rodillas y óvalos como guías para los pies. Fíjese en que el pie de atrás es más grande que el de delante.

4 Esboce los brazos balanceándose: el izquierdo hacia delante y el derecho ligeramente hacia atrás.

5 Dibuje la parte posterior del pelo, las orejas, el cuello y los hombros. Si decide dibujar la cabeza un poco girada hacia un lado, añada rasgos faciales, pero que sean sencillos.

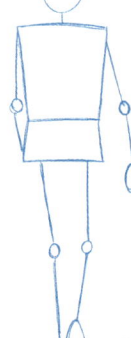

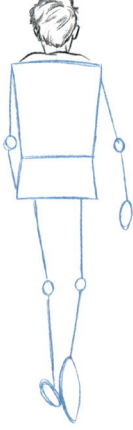

60

6 Añada la capucha de la figura siguiendo las líneas de referencia, dibujando líneas para representar los pliegues de la tela. Añada la mano derecha, prestando atención a la posición de los dedos y el pulgar, que están ligeramente curvados.

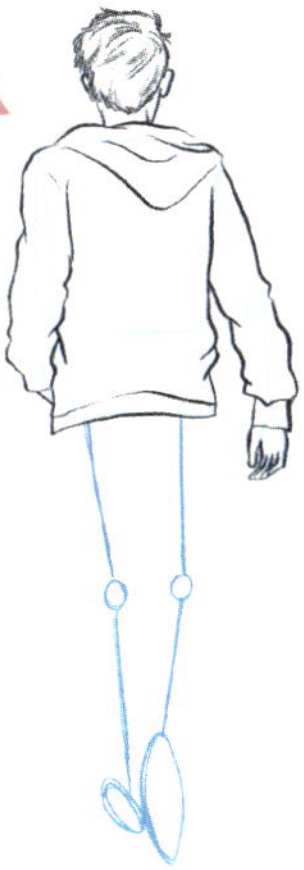

7 Ahora dibuje los pantalones y defina las rodillas, las pantorrillas y los pies. Procure que los pies estén en contacto con el suelo. Añada pliegues a la tela y bolsillos traseros al pantalón.

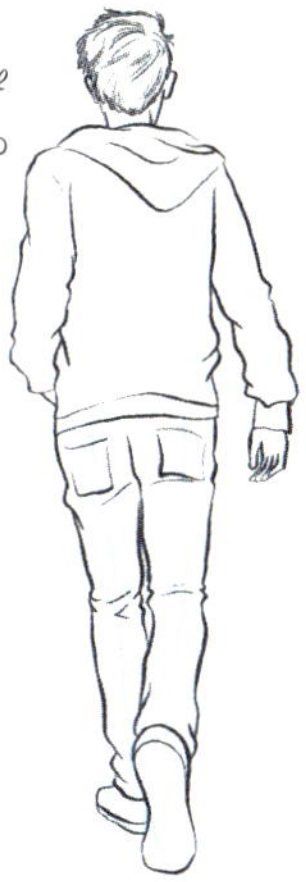

8 Repase la figura, perfeccionando los contornos y añadiendo detalles para que el dibujo quede más pulido. Aplique sombreado para crear dimensión y profundidad.

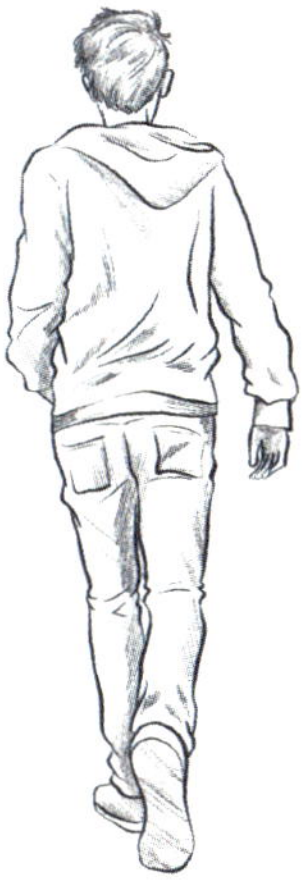

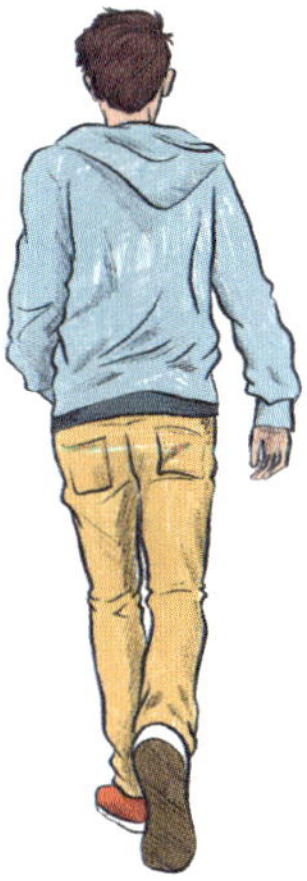

9 Coloree el dibujo.

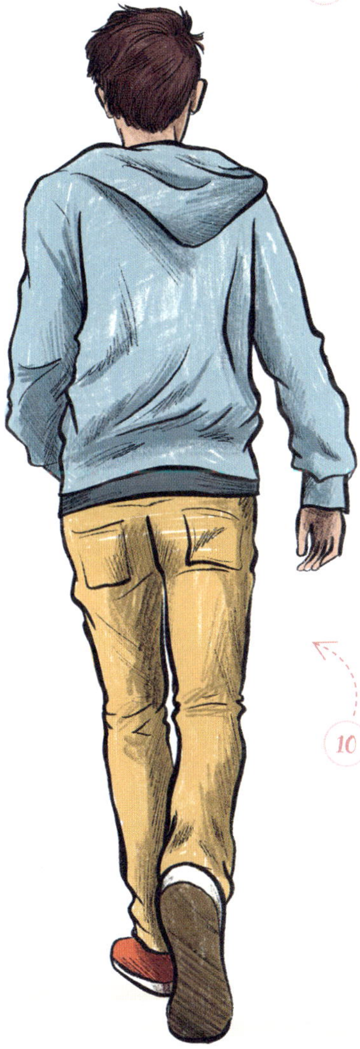

10 Aplique un sombreado con tonos más oscuros para aportar más realismo y, a continuación, utilice una pluma negra más gruesa para dibujar unos trazos suaves sobre el dibujo. Por último, añada un poco de sombreado debajo de la figura para representar el suelo.

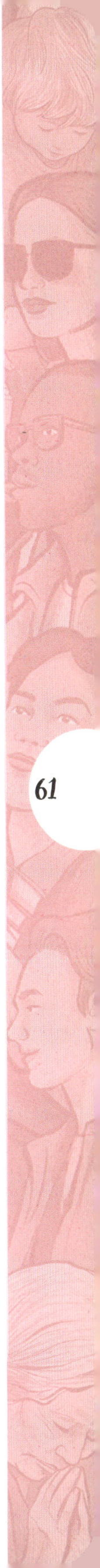

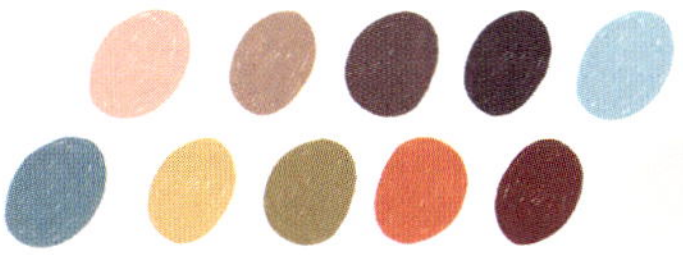

Caminando, de lado

Se trata de una pose dinámica. La figura tiene un aire de determinación en la expresión. La velocidad queda reflejada en las líneas del abrigo, que ondea a sus espaldas.

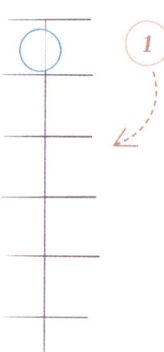

1 Empiece dibujando un eje vertical dividido en seis segmentos iguales para ayudarle a trazar las proporciones. Dibuje un círculo dentro del segmento superior a modo de guía para la cabeza.

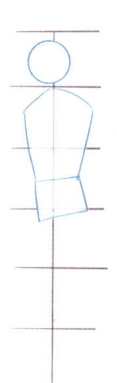

2 Añada una línea corta para el cuello y, a continuación, esboce la parte superior del torso, utilizando un poco más de dos segmentos como guía para la longitud. Debe ser ligeramente más ancho en la parte superior y más estrecho hacia la parte inferior. A continuación, dibuje la parte inferior del torso.

3 Añada líneas para representar las piernas. La pierna izquierda del personaje está delante de la derecha, con la rodilla un poco más alta. Dibuje círculos para representar las rodillas y, a continuación, esboce formas para representar los pies: en las posiciones de marcha, un pie suele estar levantado del suelo, mientras que el otro está firmemente plantado en él.

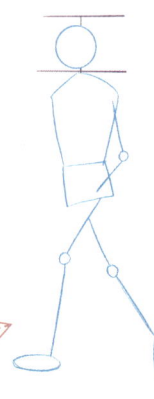

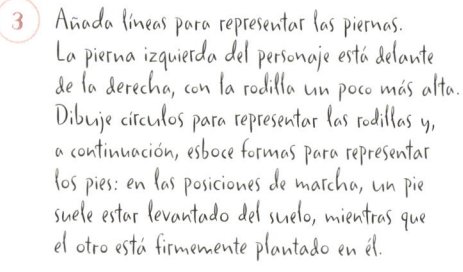

4 Esboce una guía para el brazo izquierdo, con un círculo para representar el codo. No hace falta añadir una guía para la mano, ya que estará dentro del bolsillo del pantalón.

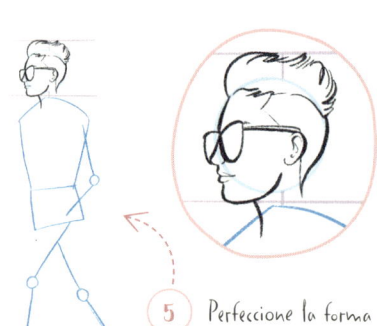

5 Perfeccione la forma de la cabeza y añada los rasgos faciales, el pelo, las gafas de sol y el cuello.

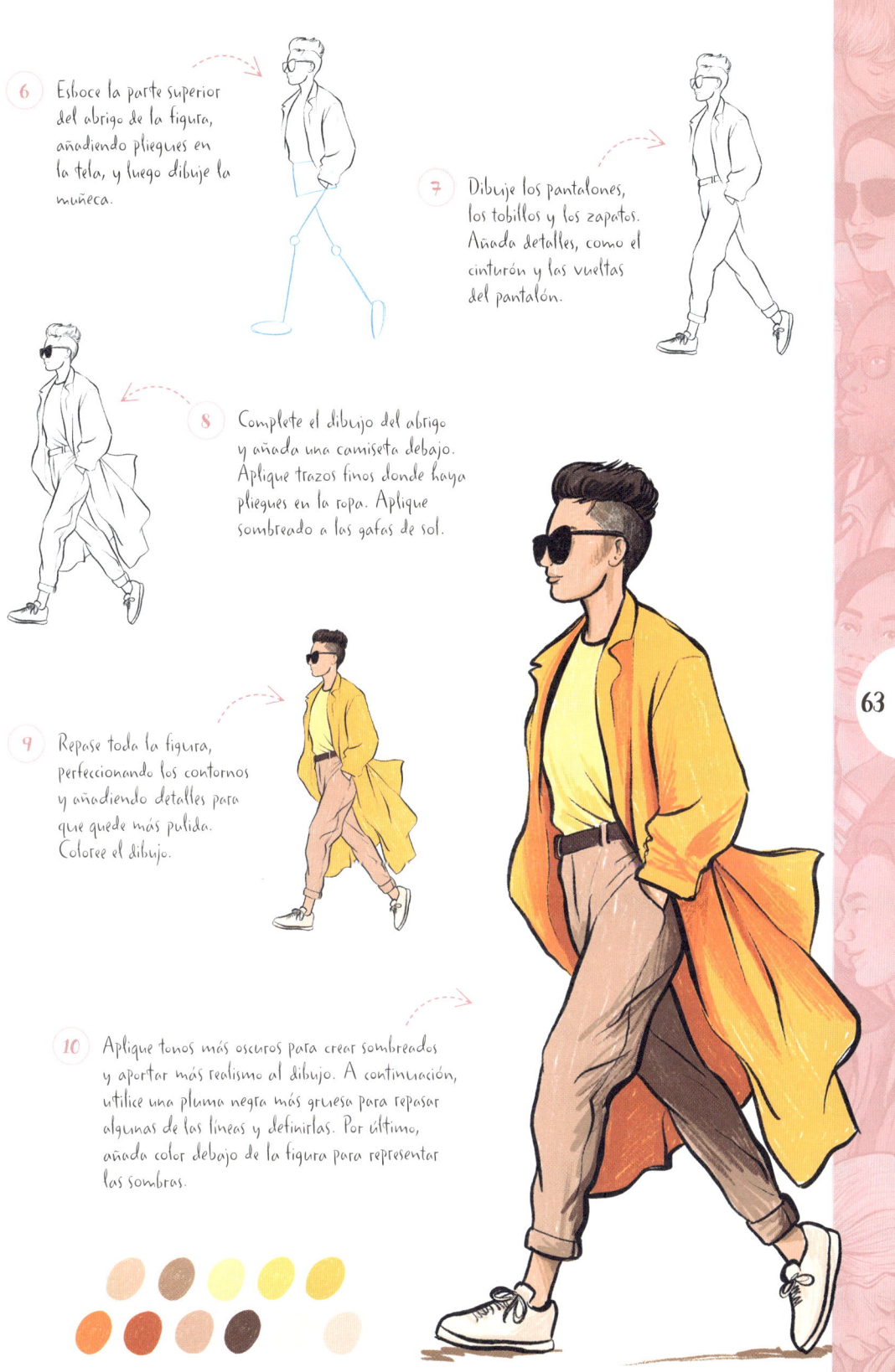

6 Esboce la parte superior del abrigo de la figura, añadiendo pliegues en la tela, y luego dibuje la muñeca.

7 Dibuje los pantalones, los tobillos y los zapatos. Añada detalles, como el cinturón y las vueltas del pantalón.

8 Complete el dibujo del abrigo y añada una camiseta debajo. Aplique trazos finos donde haya pliegues en la ropa. Aplique sombreado a las gafas de sol.

9 Repase toda la figura, perfeccionando los contornos y añadiendo detalles para que quede más pulida. Coloree el dibujo.

10 Aplique tonos más oscuros para crear sombreados y aportar más realismo al dibujo. A continuación, utilice una pluma negra más gruesa para repasar algunas de las líneas y definirlas. Por último, añada color debajo de la figura para representar las sombras.

Acciones cotidianas
Subiendo escaleras

El ángulo del torso crea la impresión de que la figura está inclinada hacia delante mientras sube las escaleras, pero la mano en el bolsillo sugiere que no está haciendo ningún esfuerzo.

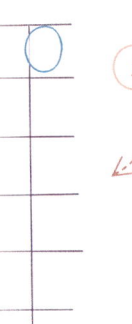

1 Empiece dibujando un eje vertical dividido en seis segmentos iguales para facilitar la representación de las proporciones. Esboce un círculo en el segmento superior, a la derecha del eje, como guía para la cabeza.

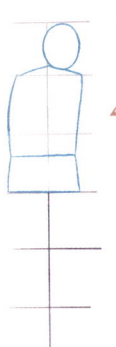

2 Utilizando los dos segmentos situados debajo de la cabeza como guías para la longitud, trace el torso con los hombros ligeramente inclinados.

3 Trace líneas de referencia para las piernas. Incluya solo el muslo y la rodilla de la pierna izquierda del personaje, ya que el resto quedará tapado. Dibuje círculos para las rodillas y un óvalo para el pie derecho.

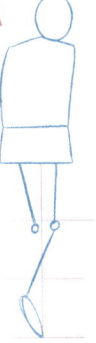

4 Añada líneas de referencia para los brazos, con círculos en los codos y un óvalo para la mano izquierda del personaje. La mano derecha está en el bolsillo del pantalón.

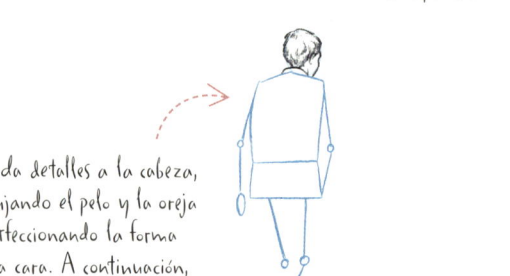

5 Añada detalles a la cabeza, dibujando el pelo y la oreja y perfeccionando la forma de la cara. A continuación, dibuje el cuello del jersey.

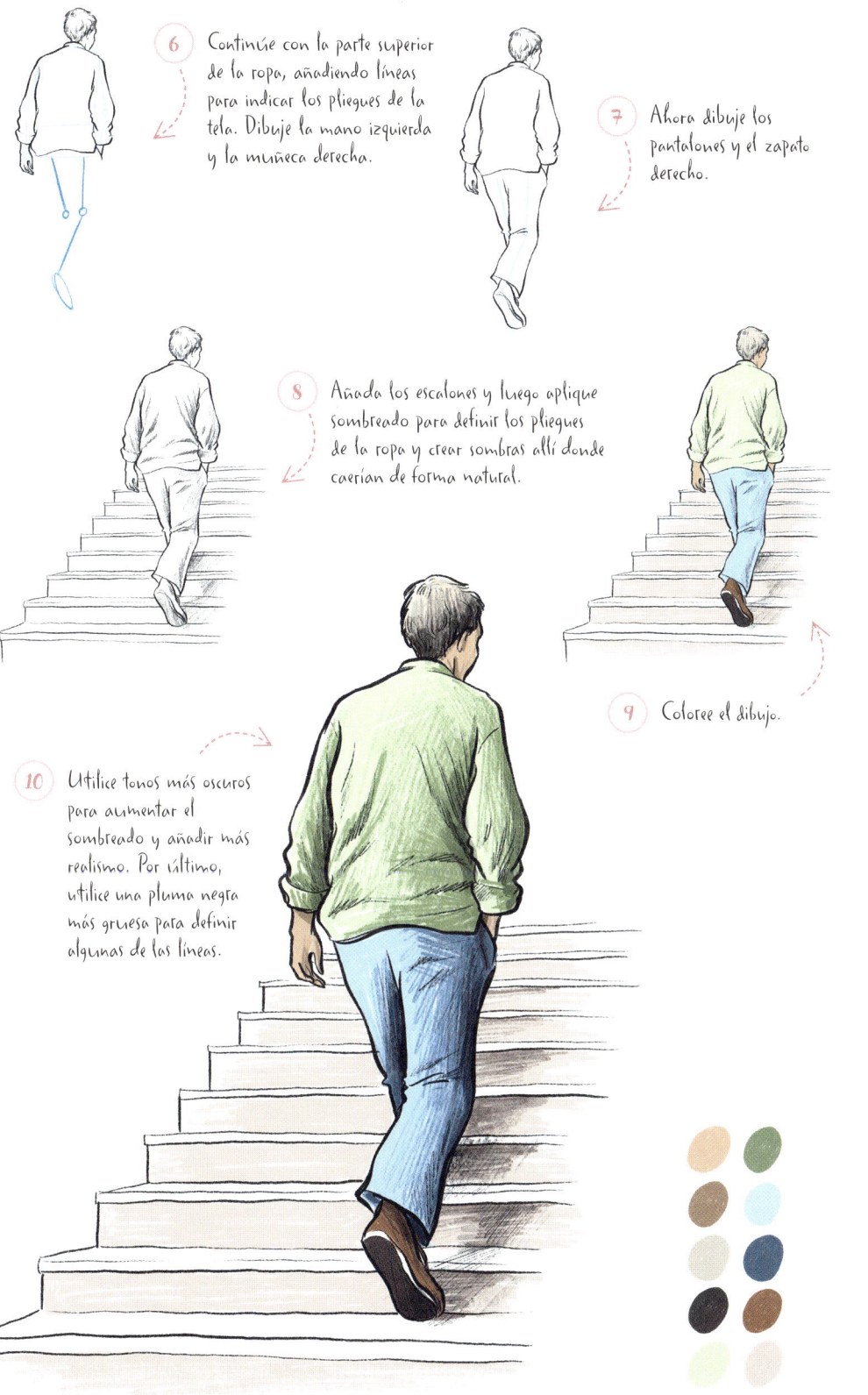

6 Continúe con la parte superior de la ropa, añadiendo líneas para indicar los pliegues de la tela. Dibuje la mano izquierda y la muñeca derecha.

7 Ahora dibuje los pantalones y el zapato derecho.

8 Añada los escalones y luego aplique sombreado para definir los pliegues de la ropa y crear sombras allí donde caerían de forma natural.

9 Coloree el dibujo.

10 Utilice tonos más oscuros para aumentar el sombreado y añadir más realismo. Por último, utilice una pluma negra más gruesa para definir algunas de las líneas.

Comiendo

Esta vista lateral de una figura sentada con las piernas cruzadas es una pose compleja de dibujar. Preste especial atención a la posición de los dedos que sujetan los cubiertos.

1 Empiece dibujando un óvalo con una línea debajo para representar la cabeza y el cuello. Fíjese en que ambos están ligeramente inclinados.

2 Esboce el contorno del torso. Como la figura está sentada, la pelvis está inclinada.

3 Añada las piernas cruzadas. Dibuje círculos para las rodillas y óvalos para los pies. Esboce el contorno de la silla debajo de la figura.

4 Ahora dibuje los brazos y las manos. Haga que un brazo esté doblado por el codo para llevarse la comida a la boca y que el otro descanse sobre la mesa. Añada el contorno del tablero de la mesa.

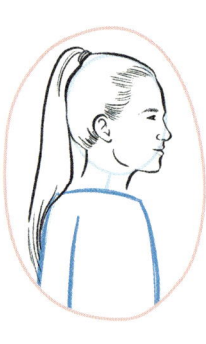

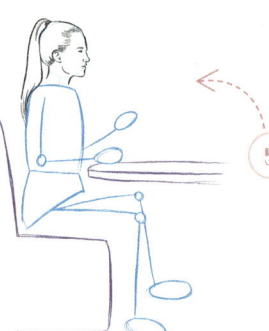

5 Perfeccione la forma de la cabeza, añadiendo el cuello, la oreja y los rasgos faciales. Dibuje el pelo recogido en una coleta.

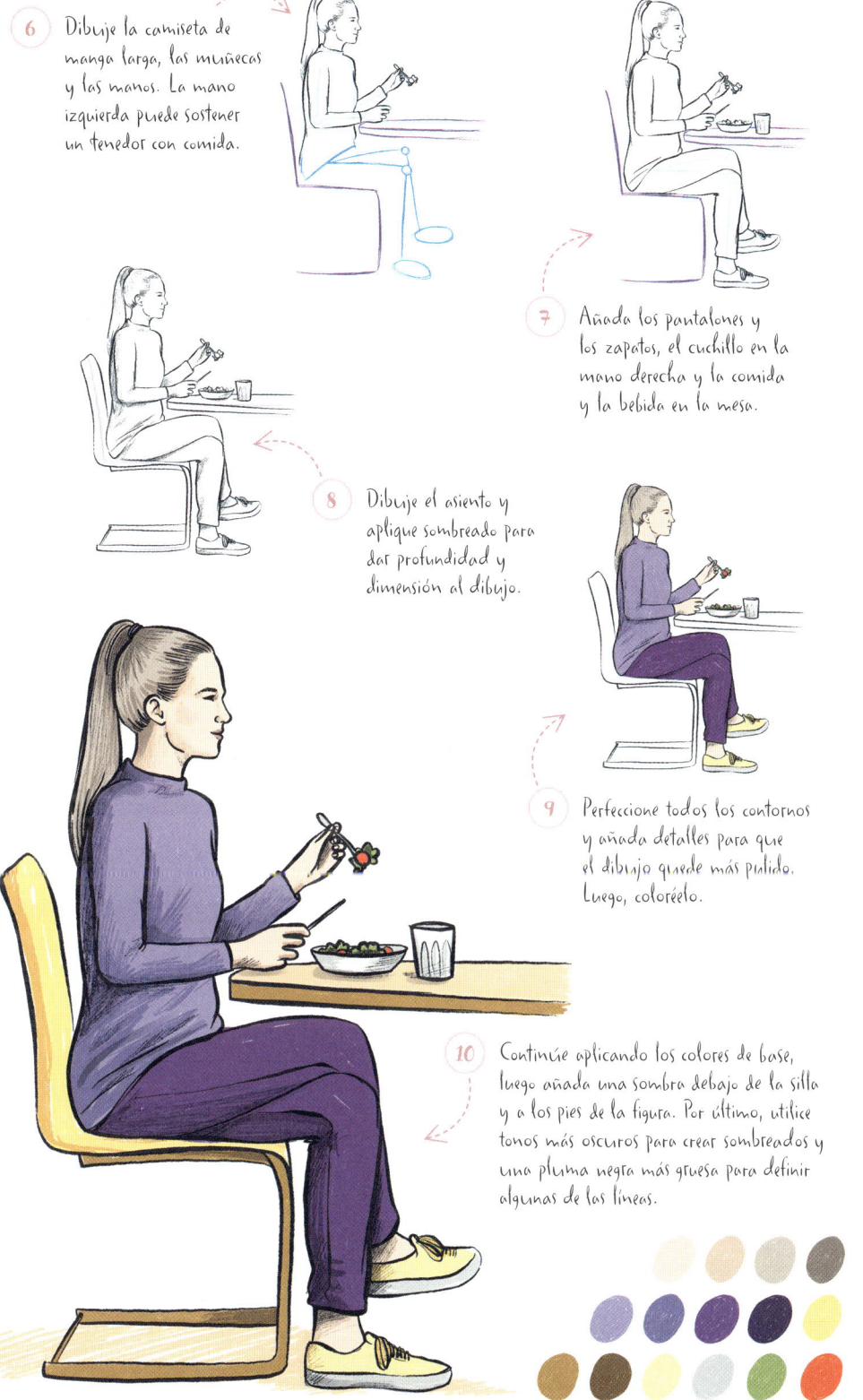

6 Dibuje la camiseta de manga larga, las muñecas y las manos. La mano izquierda puede sostener un tenedor con comida.

7 Añada los pantalones y los zapatos, el cuchillo en la mano derecha y la comida y la bebida en la mesa.

8 Dibuje el asiento y aplique sombreado para dar profundidad y dimensión al dibujo.

9 Perfeccione todos los contornos y añada detalles para que el dibujo quede más pulido. Luego, coloréelo.

10 Continúe aplicando los colores de base, luego añada una sombra debajo de la silla y a los pies de la figura. Por último, utilice tonos más oscuros para crear sombreados y una pluma negra más gruesa para definir algunas de las líneas.

Acciones cotidianas
Bebiendo

La postura despreocupada de este personaje y su expresión tranquila, con los ojos cerrados, reflejan un momento de tranquilidad disfrutando de una taza de té.

1 Empiece dibujando un eje vertical dividido en seis segmentos iguales para facilitar la representación de las proporciones. Esboce un óvalo en el segmento superior para representar la cabeza.

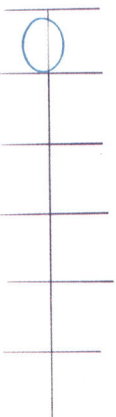

2 En los dos segmentos inferiores, trace las líneas de referencia del torso. En esta fase no hace falta dibujar el cuello.

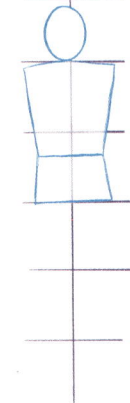

3 Esboce las líneas de referencia de las piernas cruzadas. Añada círculos para las rodillas: la rodilla derecha de la figura está ligeramente más alta que la izquierda. Añadamos un óvalo para el pie derecho de la figura y un pequeño triángulo redondeado para el pie izquierdo.

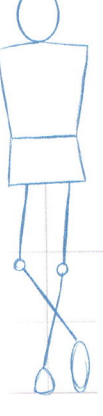

4 Añada las líneas de referencia para los brazos, los codos y la mano derecha del personaje. El brazo derecho debe estar doblado por el codo, con la mano sujetando una taza cerca de donde estará la boca. El brazo izquierdo descansa en el costado de la figura, con la mano detrás.

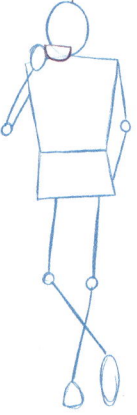

5 Siguiendo las líneas de referencia, dibuje el brazo derecho, la mano y la taza.

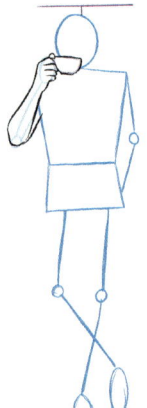

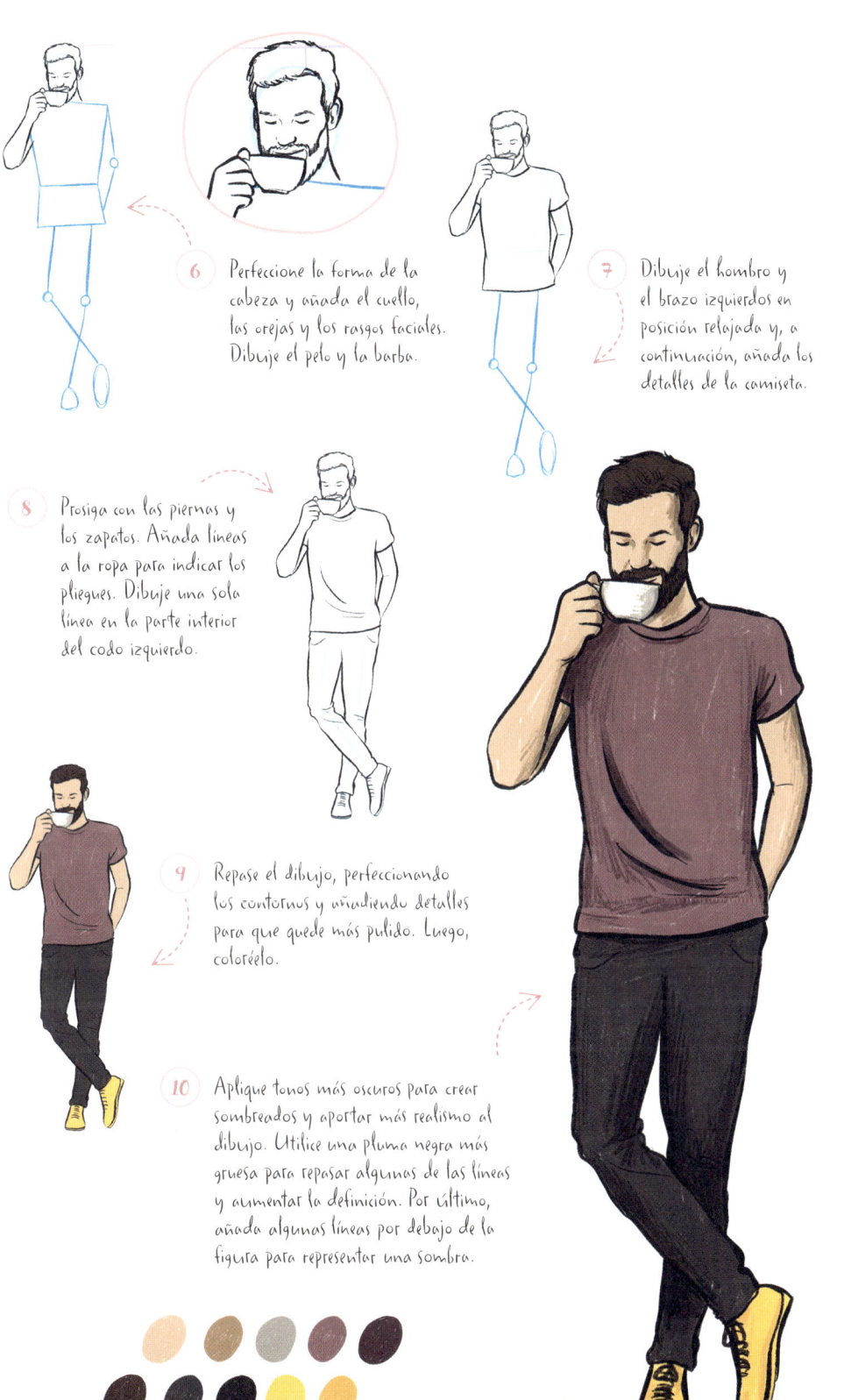

6 Perfeccione la forma de la cabeza y añada el cuello, las orejas y los rasgos faciales. Dibuje el pelo y la barba.

7 Dibuje el hombro y el brazo izquierdos en posición relajada y, a continuación, añada los detalles de la camiseta.

8 Prosiga con las piernas y los zapatos. Añada líneas a la ropa para indicar los pliegues. Dibuje una sola línea en la parte interior del codo izquierdo.

9 Repase el dibujo, perfeccionando los contornos y añadiendo detalles para que quede más pulido. Luego, coloréelo.

10 Aplique tonos más oscuros para crear sombreados y aportar más realismo al dibujo. Utilice una pluma negra más gruesa para repasar algunas de las líneas y aumentar la definición. Por último, añada algunas líneas por debajo de la figura para representar una sombra.

Acciones cotidianas
Corriendo

El pelo de la niña corriendo, suelto por detrás, su torso inclinado hacia delante,
los brazos flexionados en direcciones opuestas y los pies levantados
se combinan para representar energía y diversión.

1 Empiece con un círculo a modo
de guía para la cabeza. Añada
un rectángulo debajo para la parte
superior del torso. Hágalo un
poco más grande que el círculo.

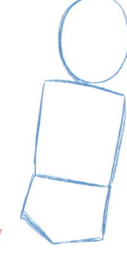

2 Añada líneas de
referencia para
la parte inferior
del torso.

3 Trace líneas de referencia
para los brazos, con el brazo
derecho hacia delante y el
izquierdo hacia atrás. Dibuje
círculos para los codos y las
manos.

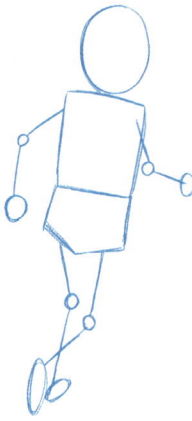

4 Ahora añada líneas de
referencia para las piernas,
con círculos para las rodillas
y óvalos para los pies. Fíjese
en la posición de los distintos
elementos y en cómo se
combinan para crear el
movimiento de correr.

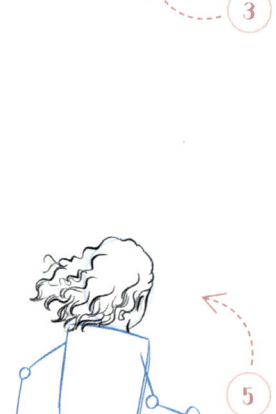

5 Como se trata de una vista
trasera, solo se verá la parte
posterior de la cabeza y el
cuello. Perfeccione la forma
de la cara, añada el cuello y
dibuje el pelo que fluye al
viento detrás de la figura.

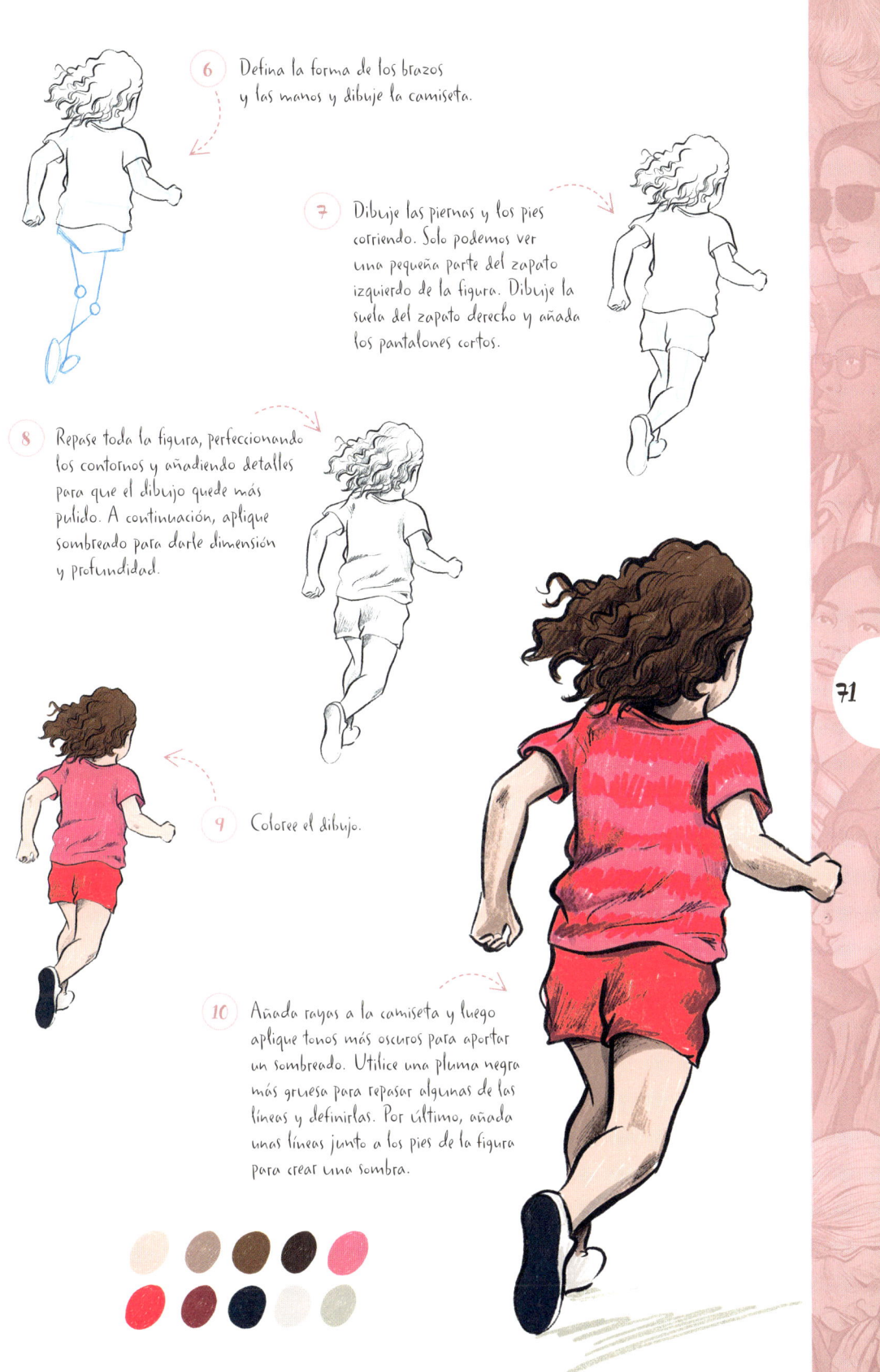

6 Defina la forma de los brazos y las manos y dibuje la camiseta.

7 Dibuje las piernas y los pies corriendo. Solo podemos ver una pequeña parte del zapato izquierdo de la figura. Dibuje la suela del zapato derecho y añada los pantalones cortos.

8 Repase toda la figura, perfeccionando los contornos y añadiendo detalles para que el dibujo quede más pulido. A continuación, aplique sombreado para darle dimensión y profundidad.

9 Coloree el dibujo.

10 Añada rayas a la camiseta y luego aplique tonos más oscuros para aportar un sombreado. Utilice una pluma negra más gruesa para repasar algunas de las líneas y definirlas. Por último, añada unas líneas junto a los pies de la figura para crear una sombra.

Jugando

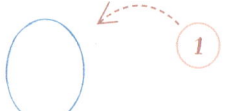

Este dibujo de un niño, absorto en sus juegos con bloques de construcción, presenta formas, ángulos y perspectivas difíciles de plasmar.

1 Empiece dibujando un óvalo para representar la cabeza.

2 Añada líneas de referencia para la parte superior del torso del niño: debe tener una forma cuadrada, más o menos del mismo tamaño que el óvalo.

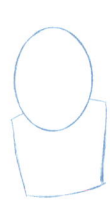

3 Esboce las líneas de referencia de los brazos, que están un poco flexionados. Añada círculos para los codos y óvalos para las manos.

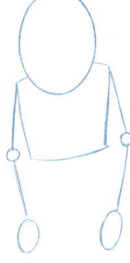

4 Añada líneas de referencia para la parte inferior del torso y las piernas: la pierna derecha del niño está doblada hacia él y la izquierda está ligeramente extendida. Dibuje círculos para las rodillas y óvalos para los pies. Dibuje una línea recta en la parte inferior de la cabeza.

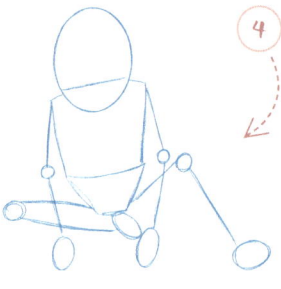

5 Perfile la forma de la cara y, a continuación, esboce los rasgos faciales en la parte inferior, sin complicarlos. En la parte superior, dibuje el pelo con una serie de trazos curvos.

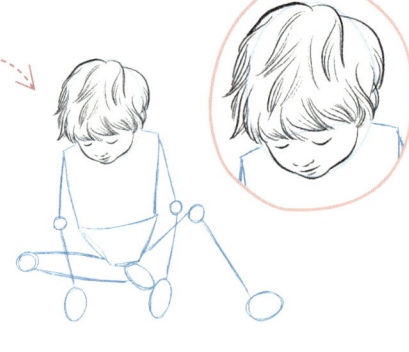

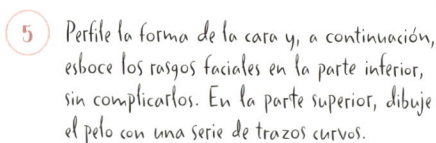

72

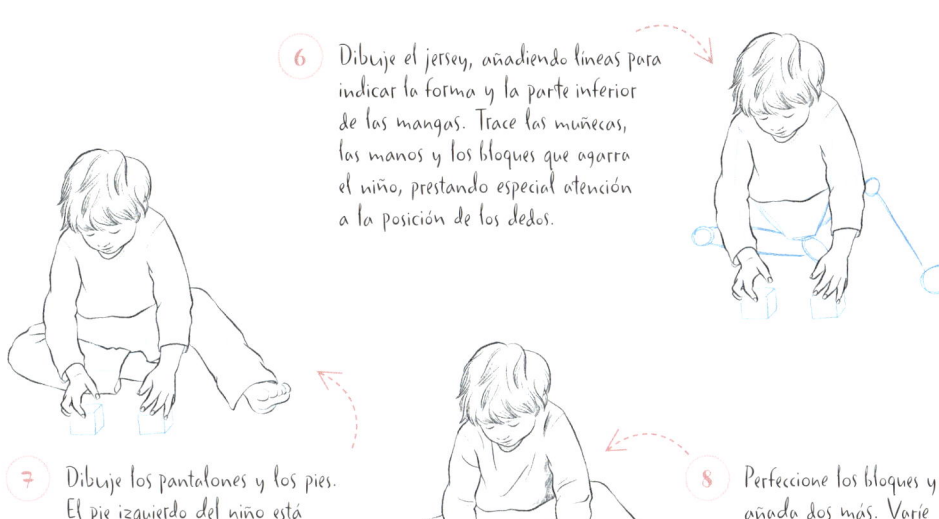

6 Dibuje el jersey, añadiendo líneas para indicar la forma y la parte inferior de las mangas. Trace las muñecas, las manos y los bloques que agarra el niño, prestando especial atención a la posición de los dedos.

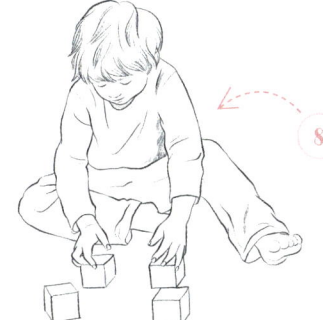

7 Dibuje los pantalones y los pies. El pie izquierdo del niño está escorzado debido a la perspectiva, y el pie derecho queda parcialmente tapado.

8 Perfeccione los bloques y añada dos más. Varíe el ángulo de los mismos para que la escena resulte más dinámica. Ahora añada ahora un poco de sombreado en la ropa del niño.

9 Añada colores vivos a los bloques del dibujo.

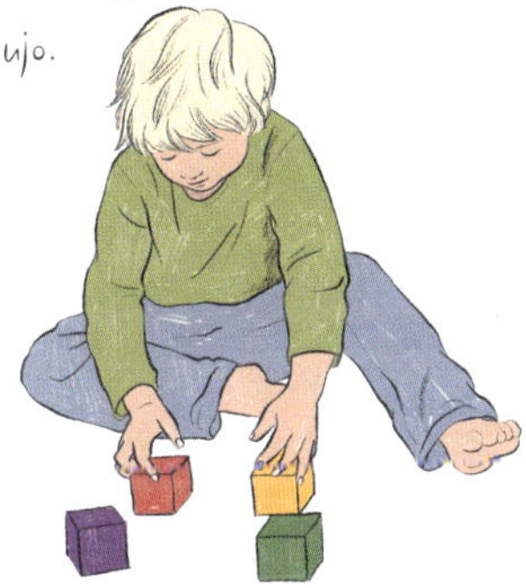

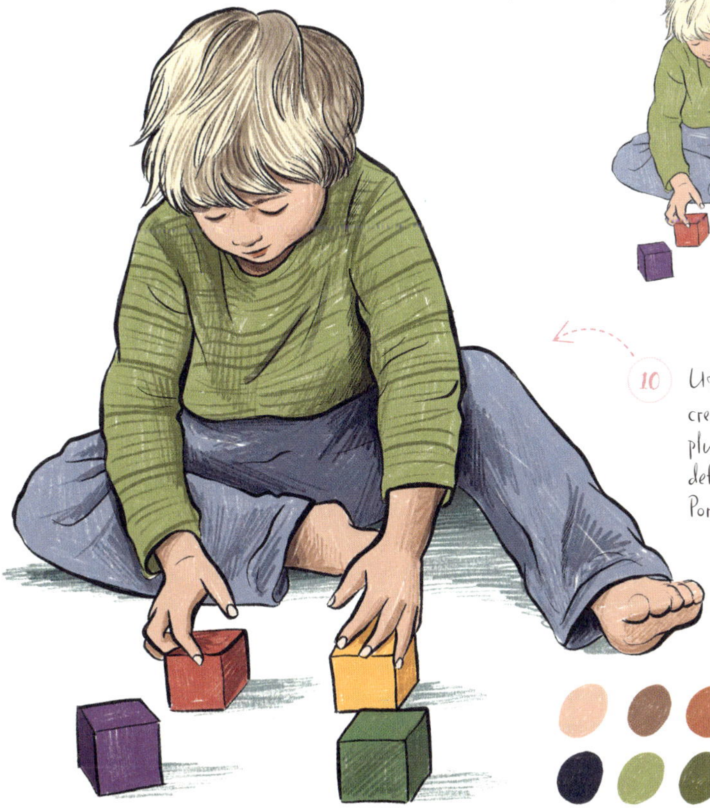

10 Utilice tonos más oscuros para crear el sombreado y una pluma negra más gruesa para definir algunas de las líneas. Por último, añada sombras.

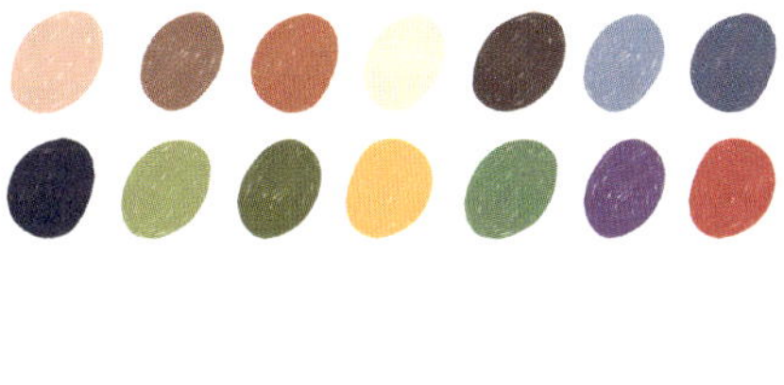

73

Acciones cotidianas
Rezando

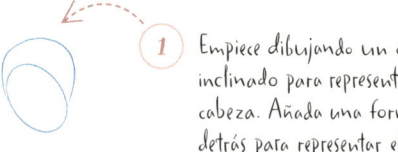

Esta figura, de rodillas y muy serena, está llena de detalles: la ropa holgada rodea su cuerpo, su piel envejecida está arrugada y su cabeza está inclinada en una contemplación tranquila.

1   Empiece dibujando un óvalo inclinado para representar la cabeza. Añada una forma curva detrás para representar el pelo.

2   Extienda las líneas hacia abajo desde la cabeza y el pelo para crear el torso. Las líneas deben ser elegantes, fluidas y curvas.

3   Trace líneas de referencia para las piernas en posición arrodillada.

4   Añada líneas de referencia para los brazos, doblados delante del torso. Dibuje círculos para los codos y óvalos para las manos, colocadas juntas en posición de oración.

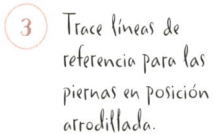

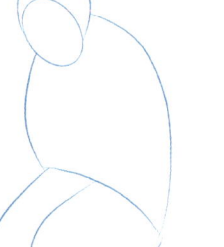

5   Perfeccione la forma de la cabeza y dibuje los rasgos faciales: los ojos están cerrados y vueltos hacia abajo, lo que indica una expresión de tranquilidad. Añada líneas para crear el pelo.

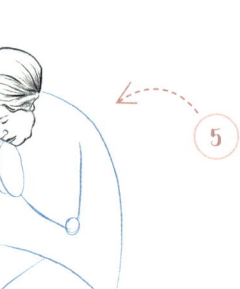

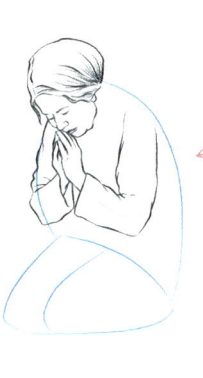

6 Dibuje los brazos delante del pecho y las manos juntas. Añada líneas para indicar los pliegues de la tela de las mangas.

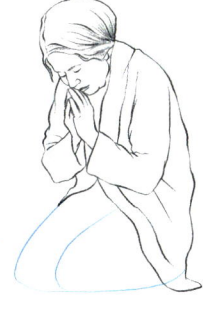

7 Manteniendo las líneas suaves y sueltas, continúe con la ropa. Añada más líneas para los pliegues de la tela.

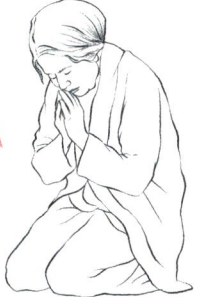

8 Dibuje los pantalones y añada los detalles de los pliegues.

9 Perfeccione la cara y las manos, añadiendo las uñas y las arrugas, y luego coloree el dibujo.

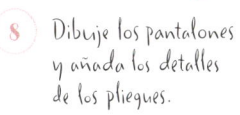

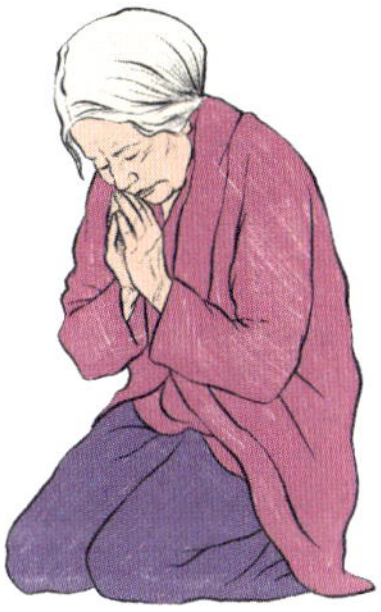

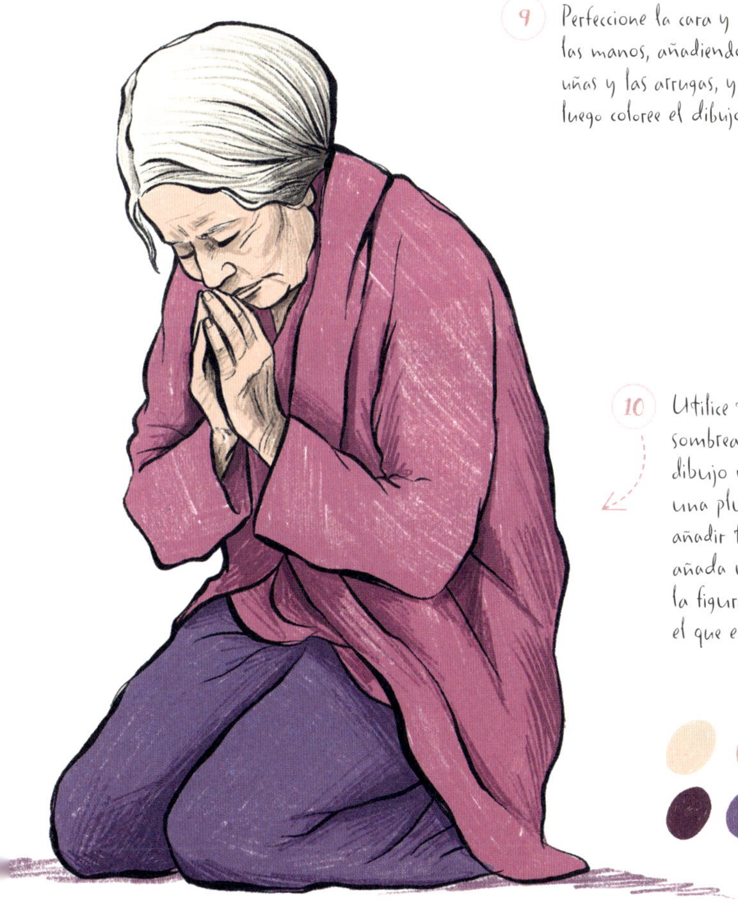

10 Utilice tonos más oscuros para sombrear y dar más realismo al dibujo y, a continuación, utilice una pluma negra más gruesa para añadir trazos suaves. Por último, añada un poco de color debajo de la figura para indicar el suelo sobre el que está arrodillada.

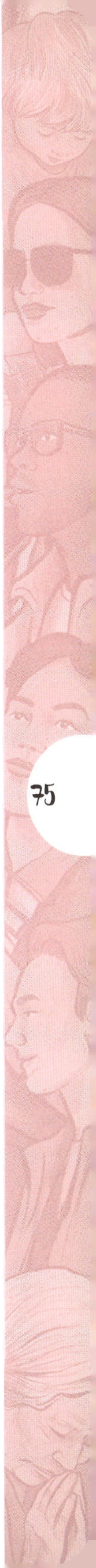

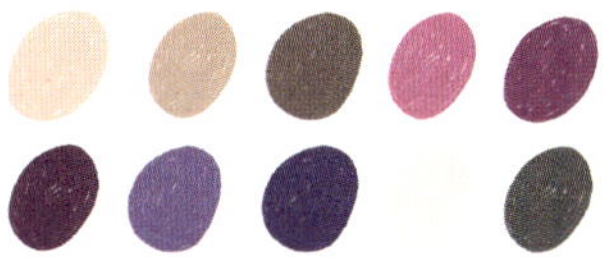

Fundiéndose en un abrazo

La alegría de una pareja que se reencuentra queda reflejada en este efusivo abrazo.
La yuxtaposición de formas muestra el equilibrio entre las dos figuras.

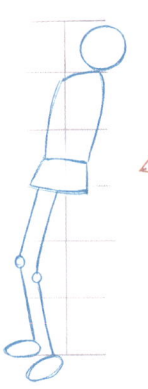

1 Comience trazando un eje vertical dividido en seis segmentos iguales para facilitar el trazado de las proporciones. Dibuje las líneas de referencia para la figura masculina, que está inclinada hacia atrás. No dibuje aún los brazos.

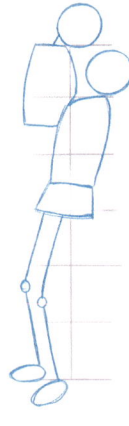

3 Trace las líneas de referencia del resto del cuerpo de la mujer, excepto los brazos. Una de sus piernas está doblada casi perpendicularmente al suelo.

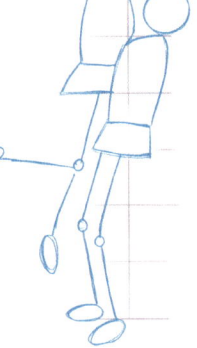

2 Esboce la cabeza de la figura femenina por encima de la masculina y, a continuación, añada el cuello y el torso.

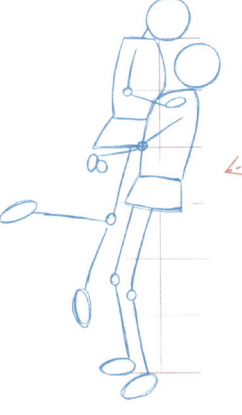

4 Ahora dibuje los brazos y las manos de ambas figuras. Solo podremos ver los brazos del lado al que miran.

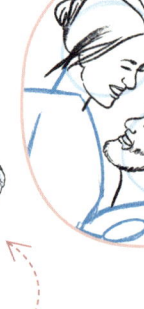

5 Perfeccione las cabezas y dibuje los rasgos faciales, el pelo y el cuello.

6 Ahora dibuje la chaqueta y la camiseta de la mujer. Esboce su mano apoyada en el hombro del hombre.

7 Añada la camiseta, el brazo y las manos del hombre.

8 Complete los contornos dibujando los pantalones y los zapatos.

9 Empiece a dar color a su dibujo, teniendo en cuenta cómo combinan los colores.

10 Utilice tonos más oscuros para crear sombras y dar más realismo al dibujo, y una pluma negra más gruesa para repasar algunas líneas y definirlas. Por último, añada algunas líneas junto a los pies del hombre para crear una sombra suave.

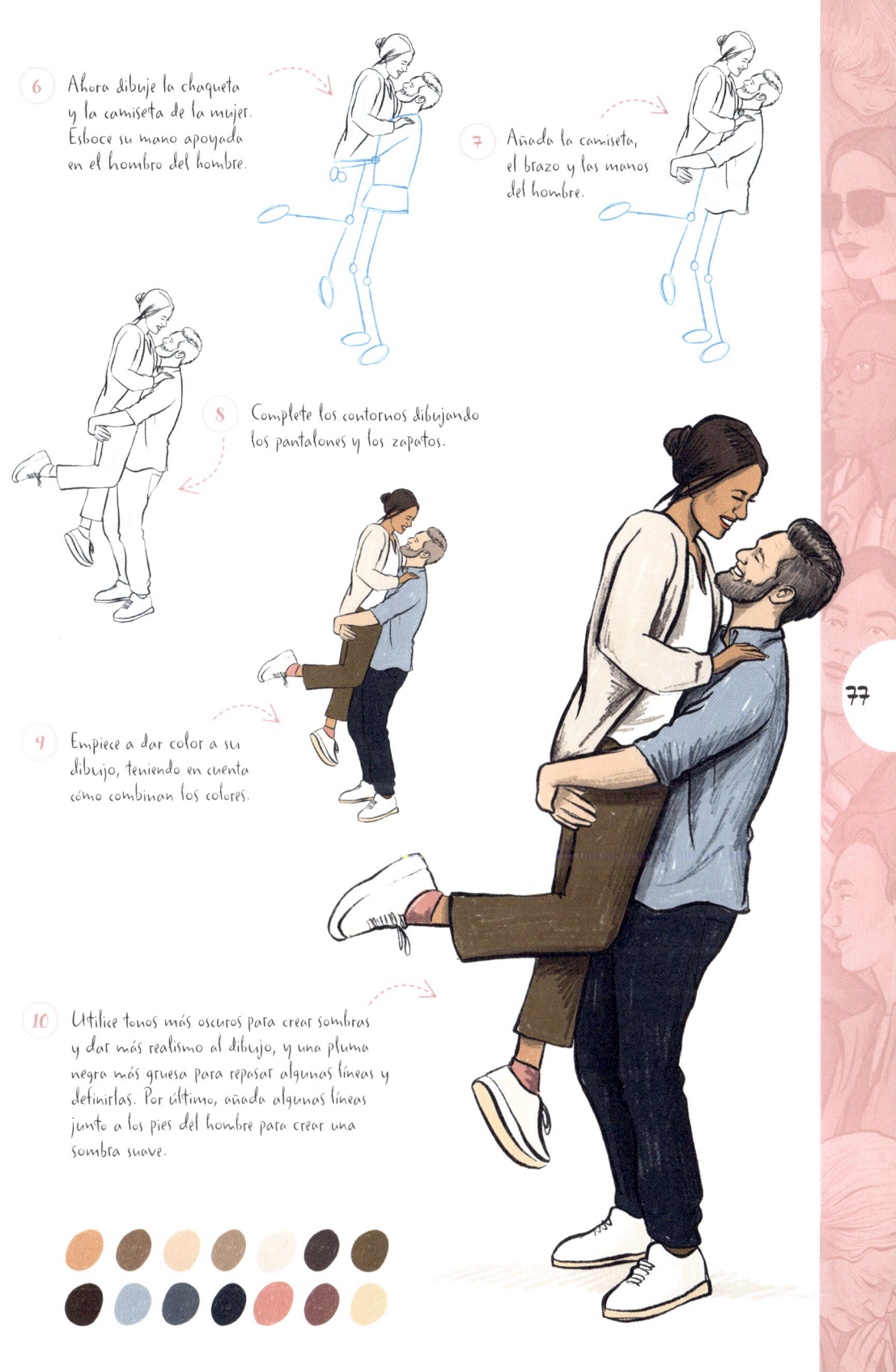

Paseando al perro

La posición de las piernas de la figura y la pata levantada del perro muestran que están dando grandes pasos hacia delante, mientras que sus expresiones transmiten que están relajados y felices.

1 Comience trazando un eje vertical dividido en seis segmentos iguales para facilitar el trazado de las proporciones. Añada un círculo para la cabeza dentro del segmento superior. Debajo, dibuje guías para el torso.

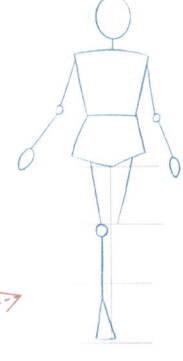

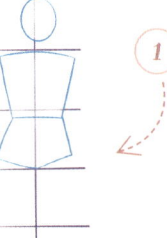

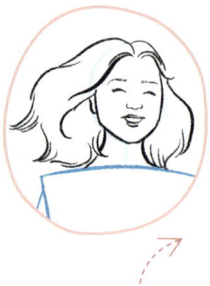

2 Añada líneas de referencia para el cuello, los brazos y las piernas. La parte inferior de la pierna izquierda quedará oculta tras la derecha, así que dibuje solo la parte superior. Trace círculos para los codos y la rodilla, óvalos para las manos y un triángulo para la bota.

3 Perfeccione la forma de la cabeza y añada los rasgos faciales, el pelo y el cuello.

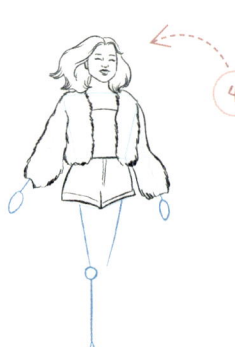

4 Con trazos cortos, esboce el abrigo de piel sintética. Añada la camiseta y los pantalones cortos.

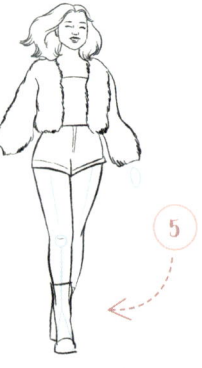

5 Dibuje las piernas y las botas. Añada una pequeña línea para la rodillera.

78

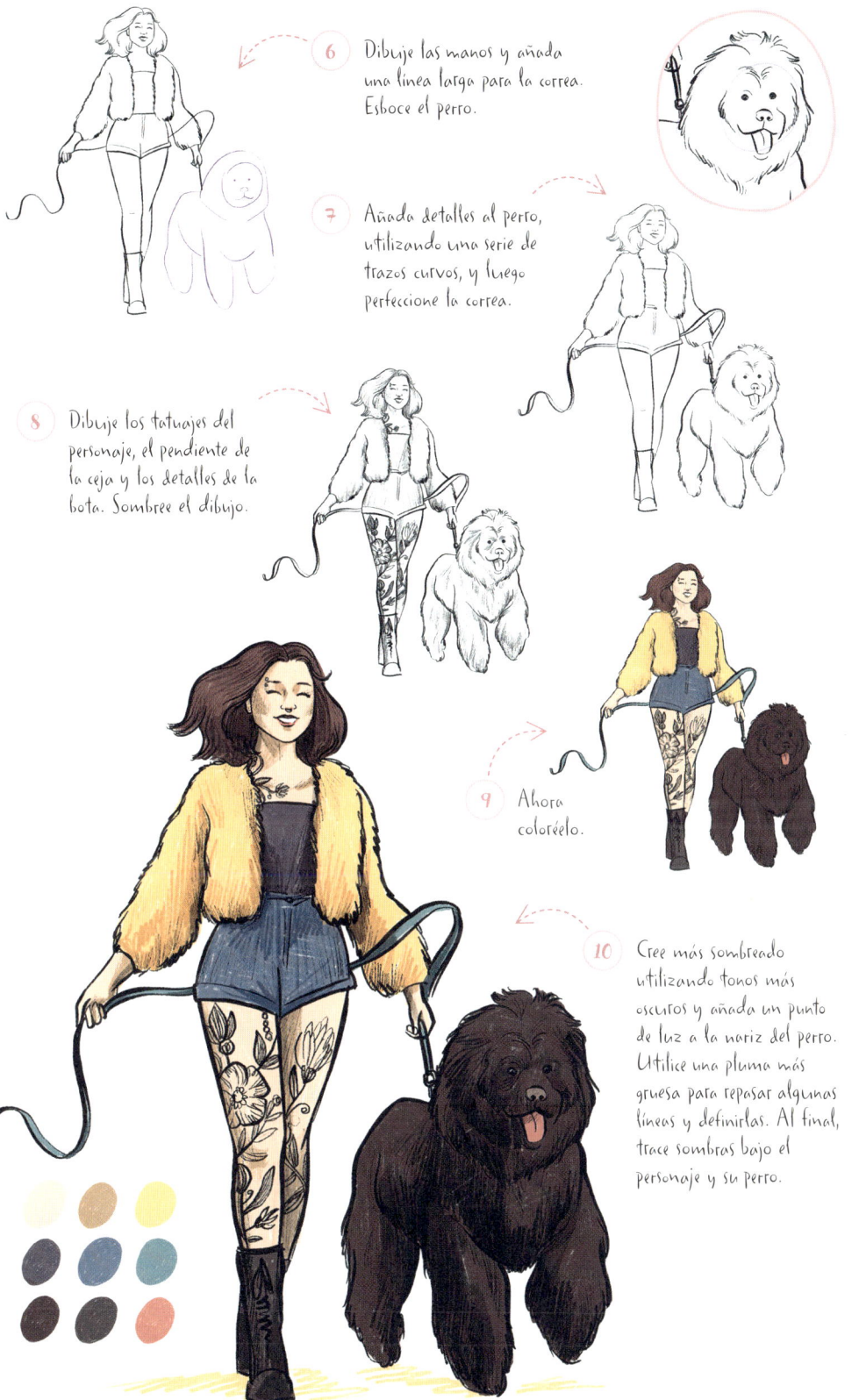

6 Dibuje las manos y añada una línea larga para la correa. Esboce el perro.

7 Añada detalles al perro, utilizando una serie de trazos curvos, y luego perfeccione la correa.

8 Dibuje los tatuajes del personaje, el pendiente de la ceja y los detalles de la bota. Sombree el dibujo.

9 Ahora coloréelo.

10 Cree más sombreado utilizando tonos más oscuros y añada un punto de luz a la nariz del perro. Utilice una pluma más gruesa para repasar algunas líneas y definirlas. Al final, trace sombras bajo el personaje y su perro.

Hablando por teléfono

El rostro de esta figura muestra concentración, con los labios entreabiertos al hablar.
Su ropa informal tiene muchas líneas que representan los pliegues y la forma del cuerpo.

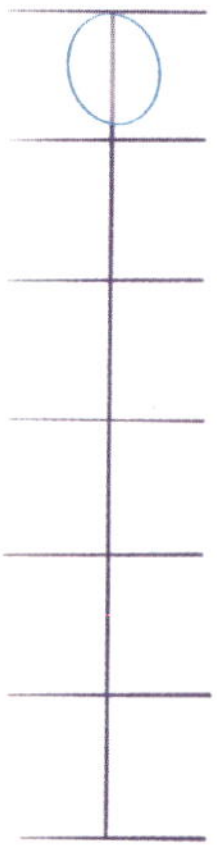

1 Empiece dibujando un eje vertical dividido en seis segmentos iguales para facilitar el trazado de las proporciones. Trace un óvalo en el segmento superior para representar la cabeza.

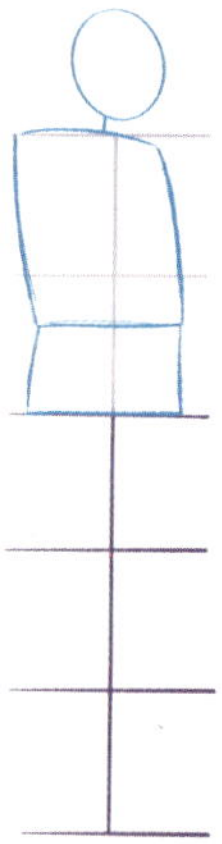

2 Añada líneas de referencia para el cuello y el torso. El torso estará contenido en los dos segmentos siguientes.

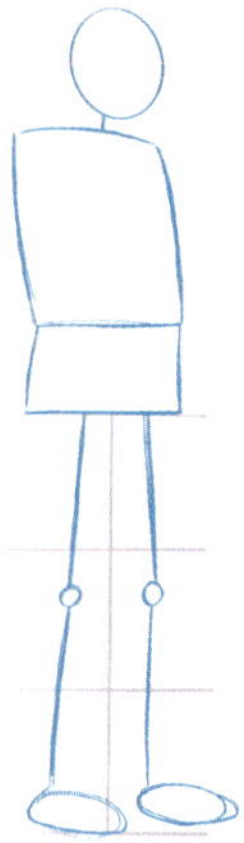

3 Dibuje las líneas de referencia de las piernas; deben ser bastante rectas. Dibuje círculos para las rodillas y óvalos para los pies.

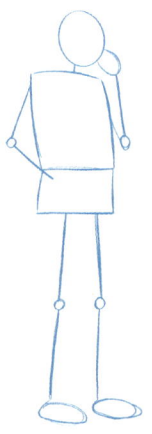

4 Añada líneas de referencia para los brazos. Deben estar flexionados, con el brazo derecho del personaje colocado como sosteniendo un teléfono junto a la oreja. Añada círculos para los codos y un óvalo para la mano derecha. La mano izquierda estará en el bolsillo del personaje.

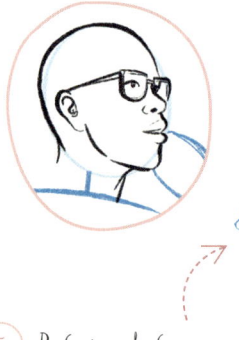

5 Perfeccione la forma de la cabeza, y luego dibuje el cuello, los rasgos faciales, la oreja y las gafas.

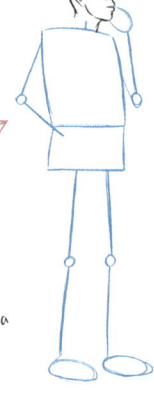

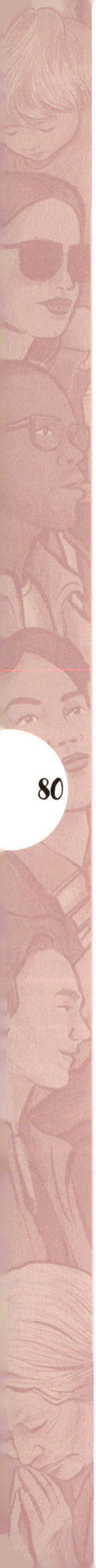

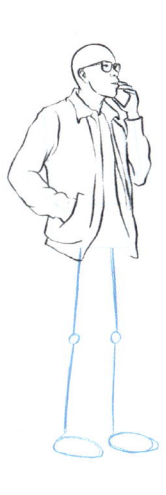

6 Continúe con la chaqueta y la mano que sostendrá el teléfono. Añada pliegues a la tela de la chaqueta.

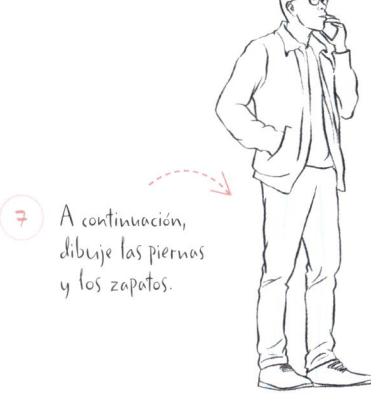

7 A continuación, dibuje las piernas y los zapatos.

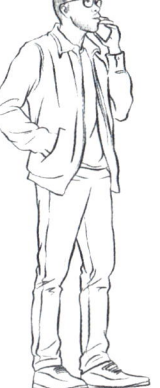

8 Aplique sombreado para crear el pelo y la barba incipiente y, a continuación, perfeccione la ropa añadiendo más líneas para representar los pliegues.

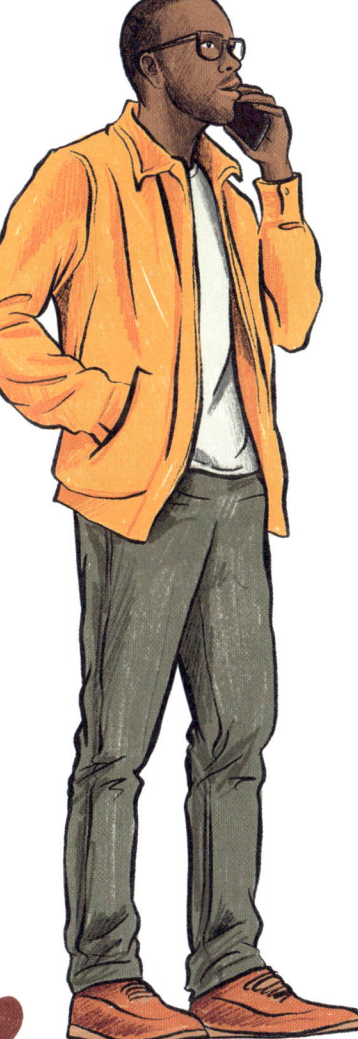

9 Dibuje el teléfono y, a continuación, repase la figura, perfeccionando los contornos y añadiendo detalles para que quede más pulida. Coloree un poco la ilustración.

10 Por último, añada tonos más oscuros para dar más realismo y utilice una pluma negra más gruesa para dibujar algunos trazos suaves sobre el dibujo.

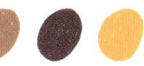

Transportando libros

El peso de los libros que lleva esta figura queda ilustrado por su postura, inclinada hacia atrás y con las rodillas semiflexionadas. Los pies, separados a la anchura de las caderas, indican que se mantiene en equilibrio.

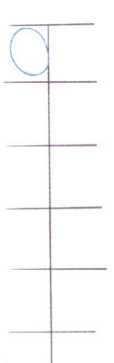

1 Empiece dibujando un eje vertical dividido en seis segmentos iguales para facilitar el trazado de las proporciones. En el segmento superior, dibuje un óvalo inclinado hacia la izquierda para representar la cabeza.

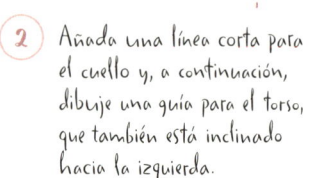

2 Añada una línea corta para el cuello y, a continuación, dibuje una guía para el torso, que también está inclinado hacia la izquierda.

3 Esboce las líneas de referencia de la parte inferior del torso y añada las piernas, paralelas entre sí y ligeramente dobladas por las rodillas. Dibuje círculos para las rodillas y óvalos para los pies; fíjese en la posición de los pies. Trace un cubo delante de la parte superior del torso.

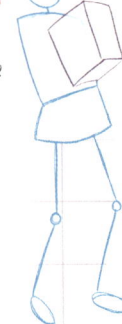

4 Añada líneas de referencia para el brazo derecho de la figura, con un círculo para el codo. Añada óvalos para las manos, que sujetarán el cubo, una en el costado y otra debajo.

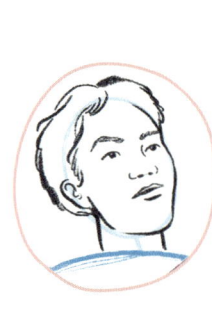

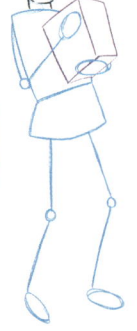

5 Dibuje los rasgos faciales, perfeccione el contorno de la cara y añada el cuello, el pelo y la oreja.

6 Dibuje las muñecas y las manos, prestando atención a la posición de los dedos.

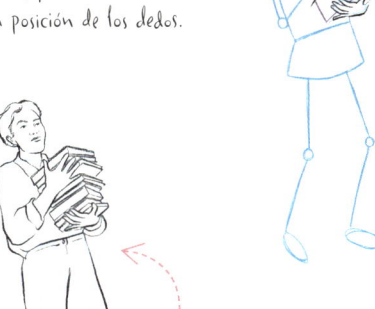

7 A continuación, empiece a dibujar la manga derecha del personaje.

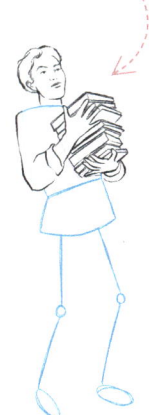

8 Continúe con el resto de la ropa, añadiendo detalles para crear la camisa, los pantalones y los zapatos.

9 Ahora repase el dibujo, perfeccionando los contornos y añadiendo detalles para que quede más pulido. A continuación, pinte con colores vivos.

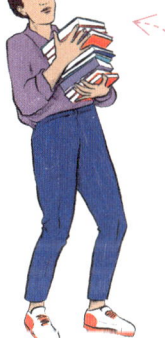

10 Para aumentar el realismo, utilice tonos más oscuros para aplicar el sombreado y una pluma negra más gruesa para repasar algunas de las líneas y definirlas. Por último, añada una sombra debajo de la figura con unos trazos ligeros.

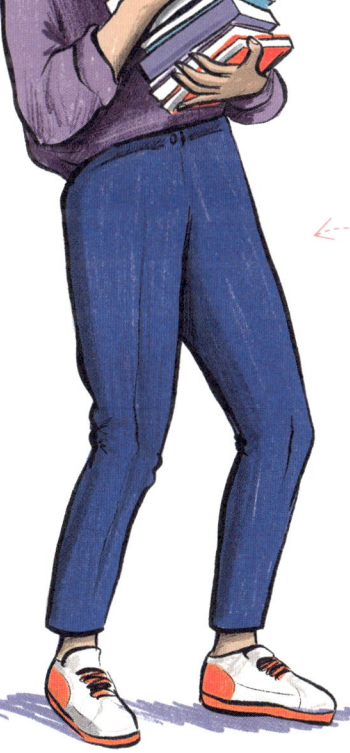

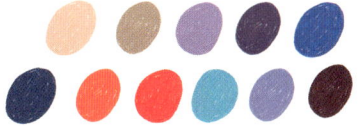

Acciones cotidianas
Vistiéndose

Este es un dibujo muy divertido y lleno de energía. La figura se está poniendo deprisa el abrigo mientras camina, quizá saliendo por la puerta para encontrarse con una amiga.

1 Empiece dibujando un eje vertical dividido en seis segmentos iguales para facilitar el trazado de las proporciones. En el segmento superior, dibuje un óvalo que se incline ligeramente hacia la derecha para representar la cabeza.

2 Superpuesta a la base de la cabeza, dibuje una forma que termine al final del segundo segmento para representar el torso.

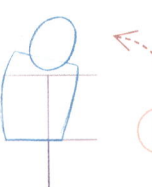

3 Trace líneas de referencia para los brazos: uno doblado detrás de la cabeza y el otro estirado hacia los lados. Añada círculos para los codos y un óvalo para la mano derecha de la figura. Añada una falda larga, de la longitud de tres segmentos. Debe curvarse suavemente hacia la derecha.

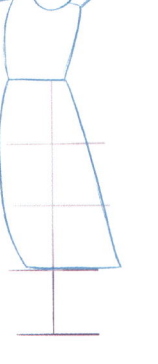

4 Dibuje líneas de referencia para la chaqueta a lo largo del brazo derecho de la figura y hágala ondular por detrás. Añada una línea corta para representar la pierna izquierda de la figura y óvalos para los pies, que estarán a diferentes alturas.

5 Ahora céntrese en la cabeza. Dibuje los rasgos faciales, perfeccione el contorno de la cara y añada el pelo.

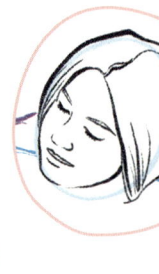

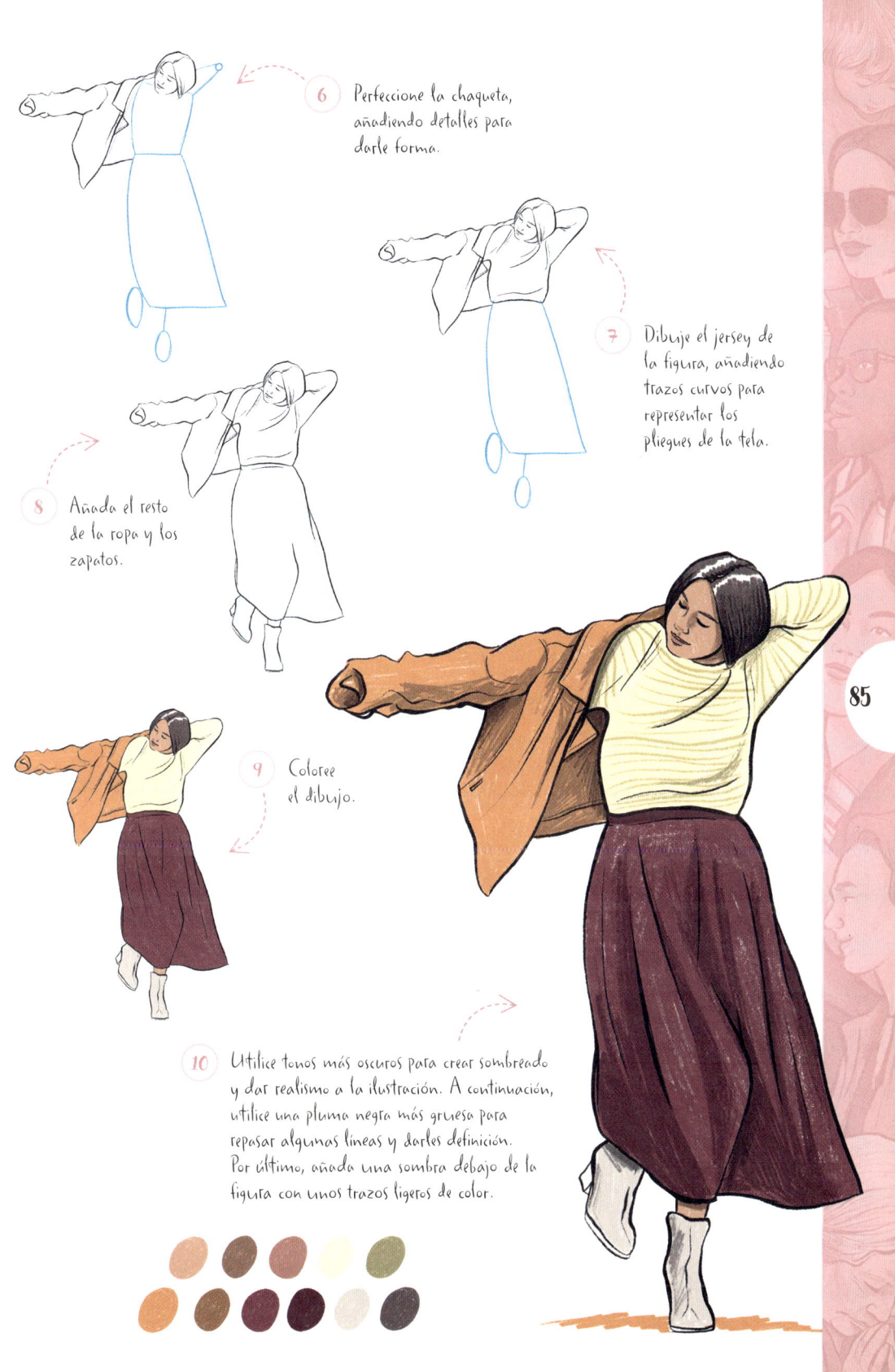

6 Perfeccione la chaqueta, añadiendo detalles para darle forma.

7 Dibuje el jersey de la figura, añadiendo trazos curvos para representar los pliegues de la tela.

8 Añada el resto de la ropa y los zapatos.

9 Coloree el dibujo.

10 Utilice tonos más oscuros para crear sombreado y dar realismo a la ilustración. A continuación, utilice una pluma negra más gruesa para repasar algunas líneas y darles definición. Por último, añada una sombra debajo de la figura con unos trazos ligeros de color.

Tirando del equipaje

Esta figura que tira de la maleta parece saber a donde va.
La posición del pelo indica movimiento, como si caminara deprisa.

1 Empiece dibujando un eje vertical dividido en seis segmentos para facilitar la representación de las proporciones. Trace un óvalo en el segmento superior para representar la cabeza.

2 Añada líneas de referencia para el cuello y el torso. El torso debe tener la longitud de dos segmentos.

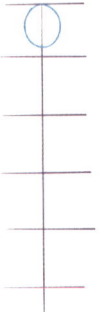

3 Trace líneas de referencia para las piernas y los pies en posición de caminar. Ambas piernas deben estar ligeramente dobladas por la rodilla. Dibuje círculos para las rodillas y óvalos para los pies. El óvalo del pie de atrás debe estrecharse ligeramente en la parte delantera para representar los dedos flexionados.

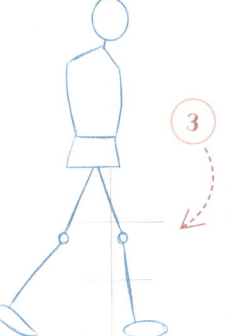

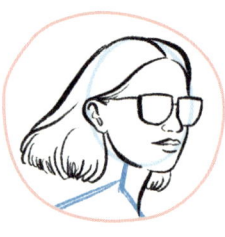

4 Dibuje líneas de referencia para el brazo y la mano derechos de la figura y, a continuación, esboce el equipaje detrás.

5 Perfeccione la forma de la cabeza y añada los rasgos faciales y las gafas de sol. Dé al personaje un pelo medio largo que fluya con el viento para dar movimiento al dibujo.

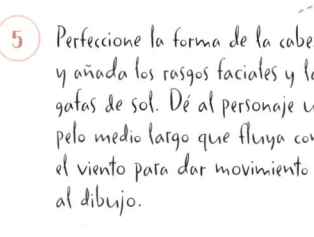

86

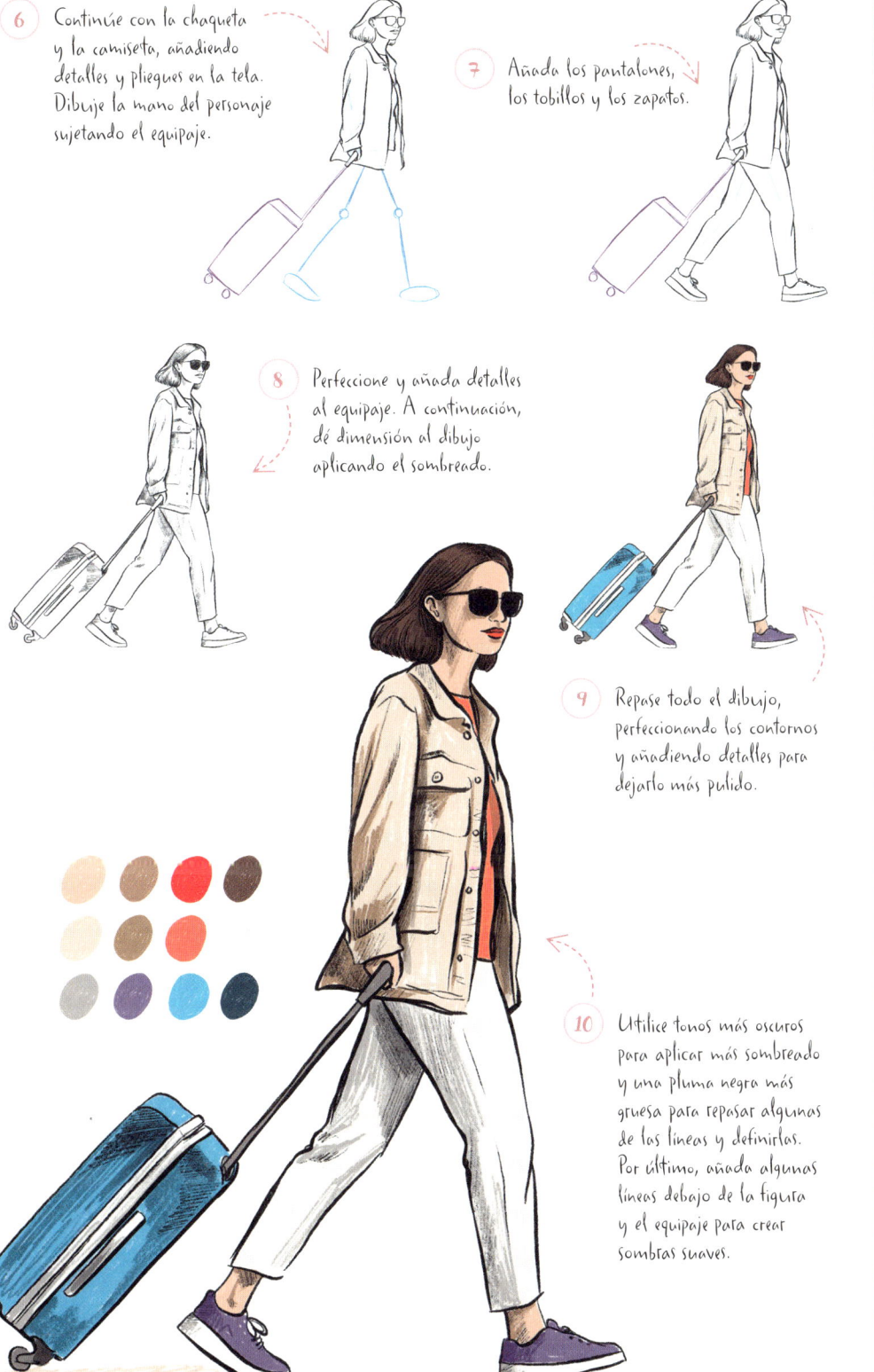

6 Continúe con la chaqueta y la camiseta, añadiendo detalles y pliegues en la tela. Dibuje la mano del personaje sujetando el equipaje.

7 Añada los pantalones, los tobillos y los zapatos.

8 Perfeccione y añada detalles al equipaje. A continuación, dé dimensión al dibujo aplicando el sombreado.

9 Repase todo el dibujo, perfeccionando los contornos y añadiendo detalles para dejarlo más pulido.

10 Utilice tonos más oscuros para aplicar más sombreado y una pluma negra más gruesa para repasar algunas de las líneas y definirlas. Por último, añada algunas líneas debajo de la figura y el equipaje para crear sombras suaves.

Empujando un cochecito

La expresión relajada y feliz de la cara de esta figura muestra que está disfrutando del paseo mientras sujeta con cuidado el cochecito.

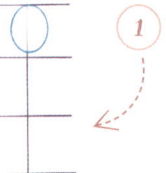

1 Empiece dibujando un eje vertical dividido en seis segmentos iguales para ayudarle a trazar las proporciones. Dibuje una forma ovalada en el segmento superior para representar la cabeza.

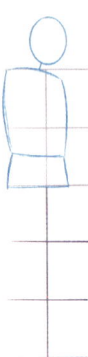

2 Dibuje líneas de referencia para el cuello y el torso. El cuello está inclinado y los hombros caídos. El torso tiene la longitud de dos segmentos.

3 Esboce las líneas de referencia de las piernas en posición de caminar, con la pierna de atrás ligeramente doblada por la rodilla. Dibuje círculos para las rodillas y óvalos para los pies.

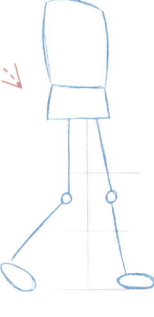

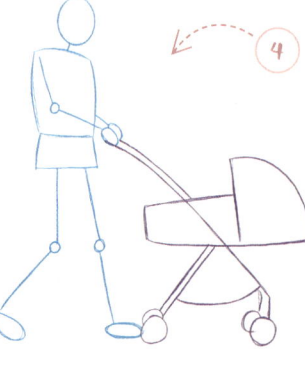

4 Dibuje las líneas de referencia para los brazos, que están doblados, y para las manos, que están juntas. Esboce el contorno del cochecito delante de la figura.

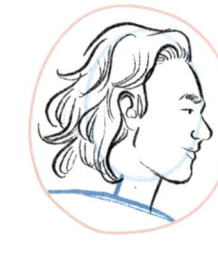

5 Perfeccione la forma de la cabeza y dibuje los rasgos faciales: puede hacer que el personaje sonría y mire al bebé en el cochecito. Añada la oreja, el pelo y el cuello.

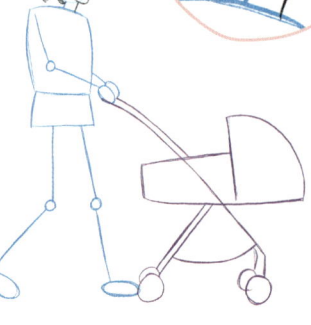

88

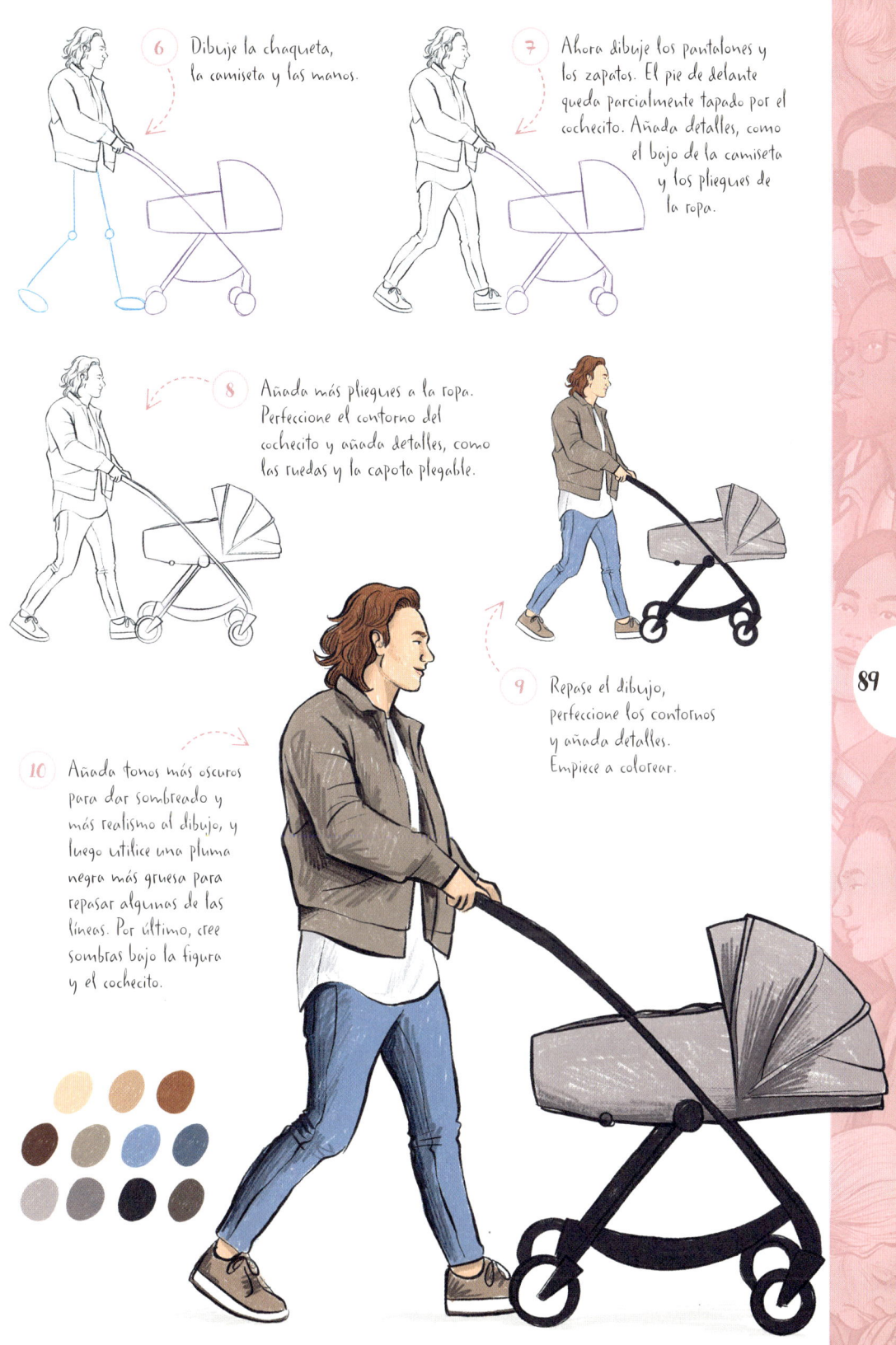

6 Dibuje la chaqueta,
la camiseta y las manos.

7 Ahora dibuje los pantalones y
los zapatos. El pie de delante
queda parcialmente tapado por el
cochecito. Añada detalles, como
el bajo de la camiseta
y los pliegues de
la ropa.

8 Añada más pliegues a la ropa.
Perfeccione el contorno del
cochecito y añada detalles, como
las ruedas y la capota plegable.

9 Repase el dibujo,
perfeccione los contornos
y añada detalles.
Empiece a colorear.

10 Añada tonos más oscuros
para dar sombreado y
más realismo al dibujo, y
luego utilice una pluma
negra más gruesa para
repasar algunas de las
líneas. Por último, cree
sombras bajo la figura
y el cochecito.

89

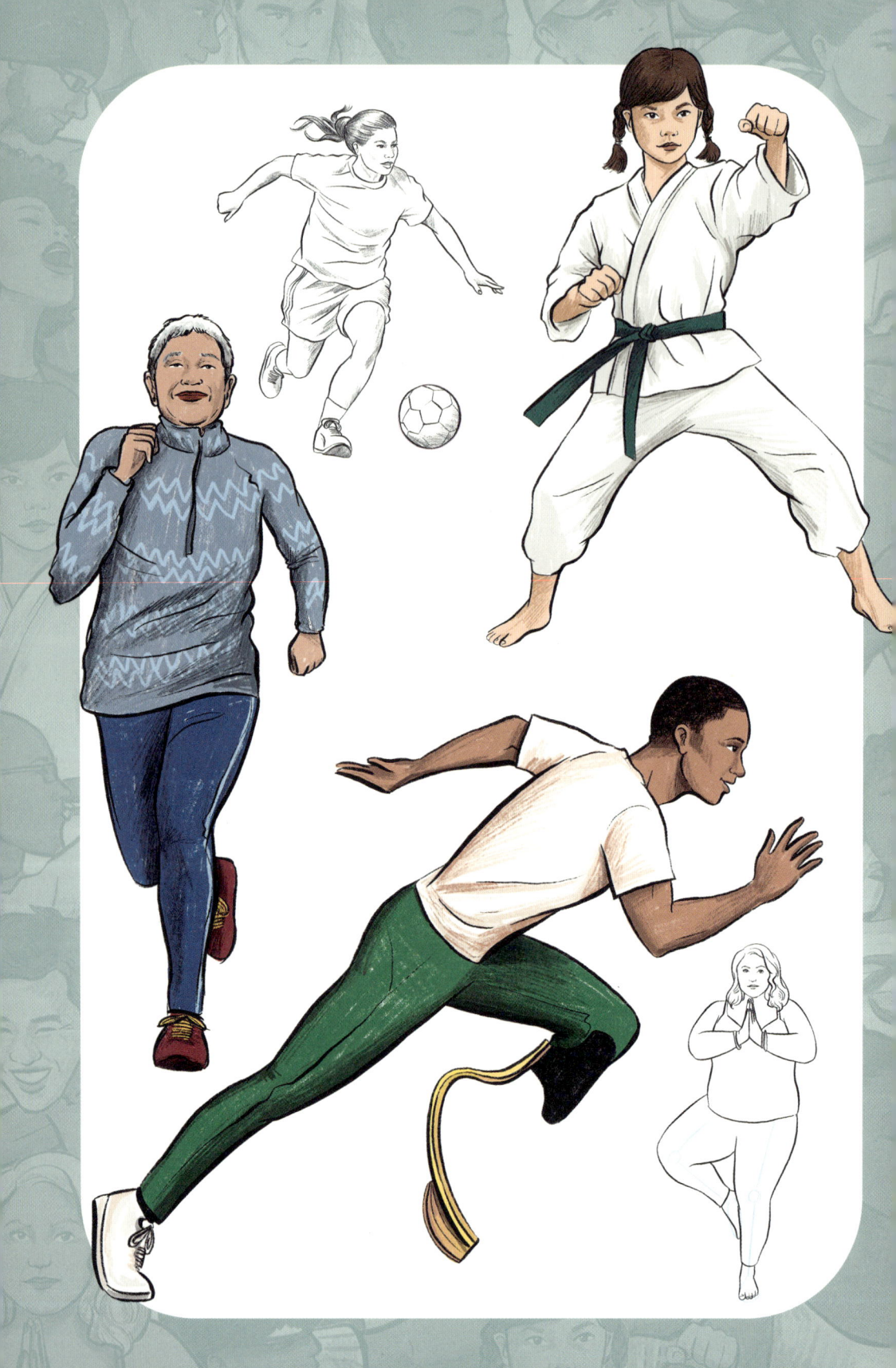

Actividades populares

Actividades populares
Saltando a la comba

La energía jovial del salto queda plasmada en esta pose, con la cabeza alta,
una amplia sonrisa, los brazos levantados y ambos pies separados del suelo.
La perspectiva desde abajo es difícil pero divertida de dibujar.

1 Empiece dibujando un círculo a modo de guía para la cabeza. Debajo, dibuje una línea para el cuello y un rectángulo para la parte superior del torso.

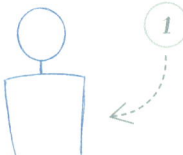

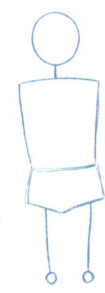

2 Añada una forma debajo para la parte inferior del torso. Dibuje guías para los muslos y las rodillas.

3 Esboce las líneas de referencia para los brazos. Dibuje círculos para los codos y pequeños óvalos para las manos. Añada una línea de referencia para la cuerda de saltar.

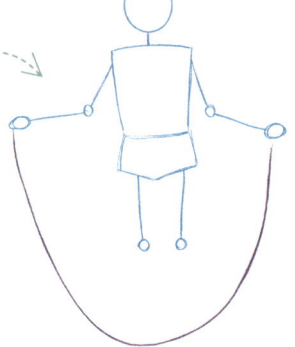

4 Ahora esboce las espinillas: están detrás de la figura, así que trace líneas muy cortas. Añada óvalos para los pies.

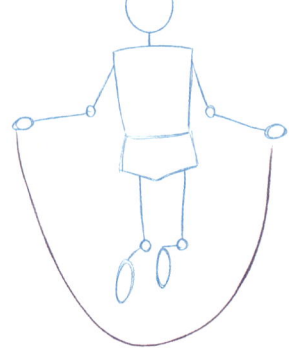

5 Dibuje los rasgos faciales: puede representar una expresión feliz, con una sonrisa y los ojos arrugados. Perfeccione la forma de la cara y añada el pelo, el cuello y unos pendientes.

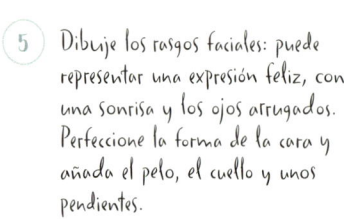

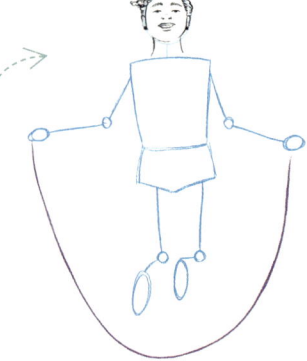

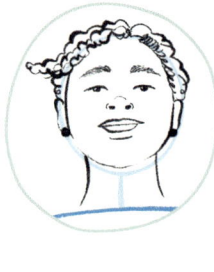

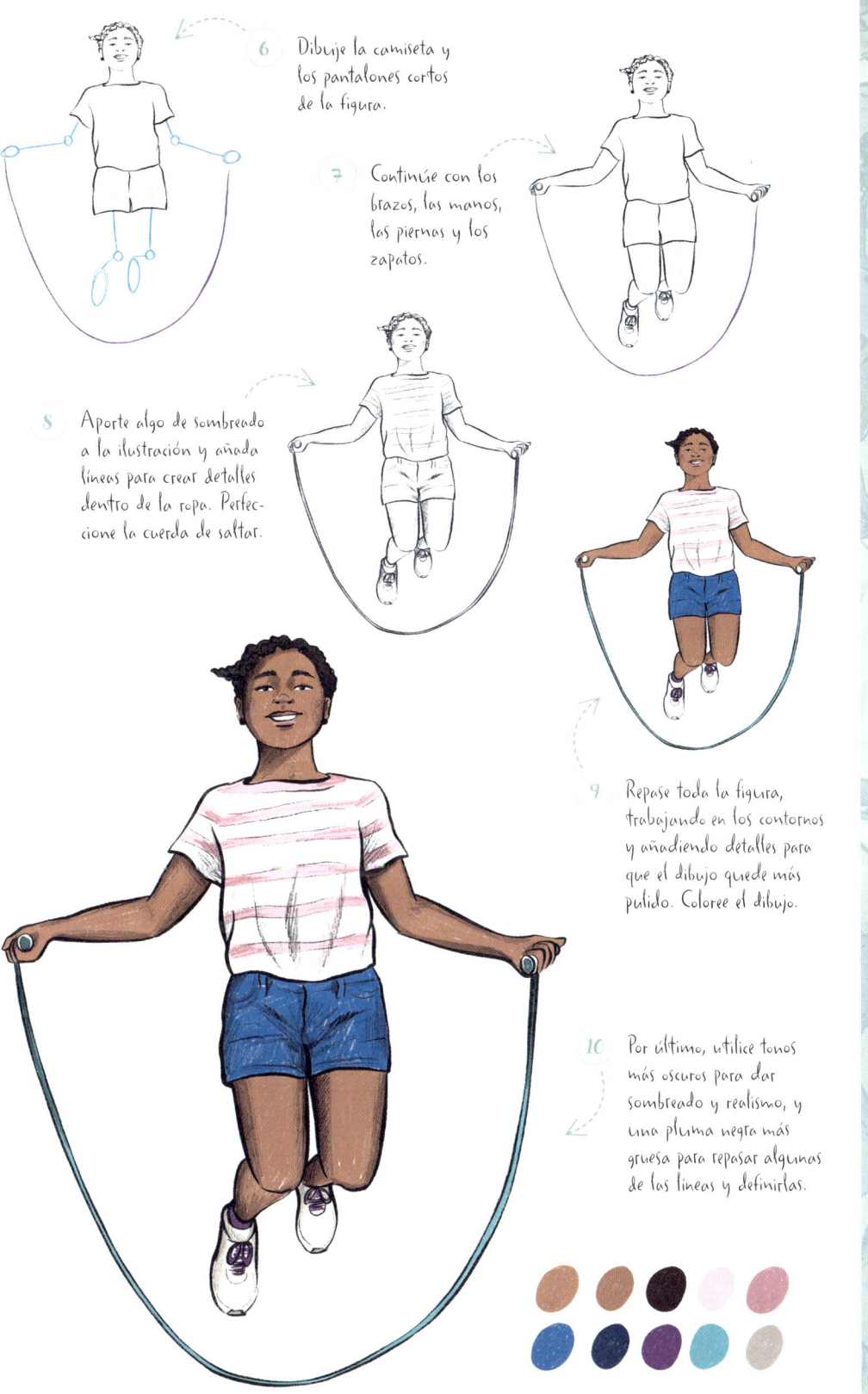

6 Dibuje la camiseta y los pantalones cortos de la figura.

7 Continúe con los brazos, las manos, las piernas y los zapatos.

8 Aporte algo de sombreado a la ilustración y añada líneas para crear detalles dentro de la ropa. Perfeccione la cuerda de saltar.

9 Repase toda la figura, trabajando en los contornos y añadiendo detalles para que el dibujo quede más pulido. Coloree el dibujo.

10 Por último, utilice tonos más oscuros para dar sombreado y realismo, y una pluma negra más gruesa para repasar algunas de las líneas y definirlas.

Haciendo malabares

Suspendidas en acción, la forma de las manos de la figura sugiere que están lanzando y recogiendo las bolas de malabarismo.

1 Empiece dibujando un eje vertical dividido en seis segmentos iguales para facilitar la representación de las proporciones. Añada un círculo en el segmento superior para representar la cabeza.

2 Añada una línea corta para el cuello y, a continuación, dibuje formas rectangulares para representar el torso.

94

3 Dibuje guías para las piernas: deben ser bastante rectas, con la pierna izquierda de la figura girada hacia un lado para crear una pose natural. Añada círculos para las rodillas, un óvalo para el pie izquierdo y un triángulo para el pie derecho.

4 Esboce guías para los brazos y las manos, utilizando círculos para los codos y óvalos para las manos. Añada tres pelotas de malabares.

5 Dibuje los rasgos faciales y el pelo. Perfeccione el contorno de la cara y, a continuación, añada el cuello de la figura y el cuello de la camiseta.

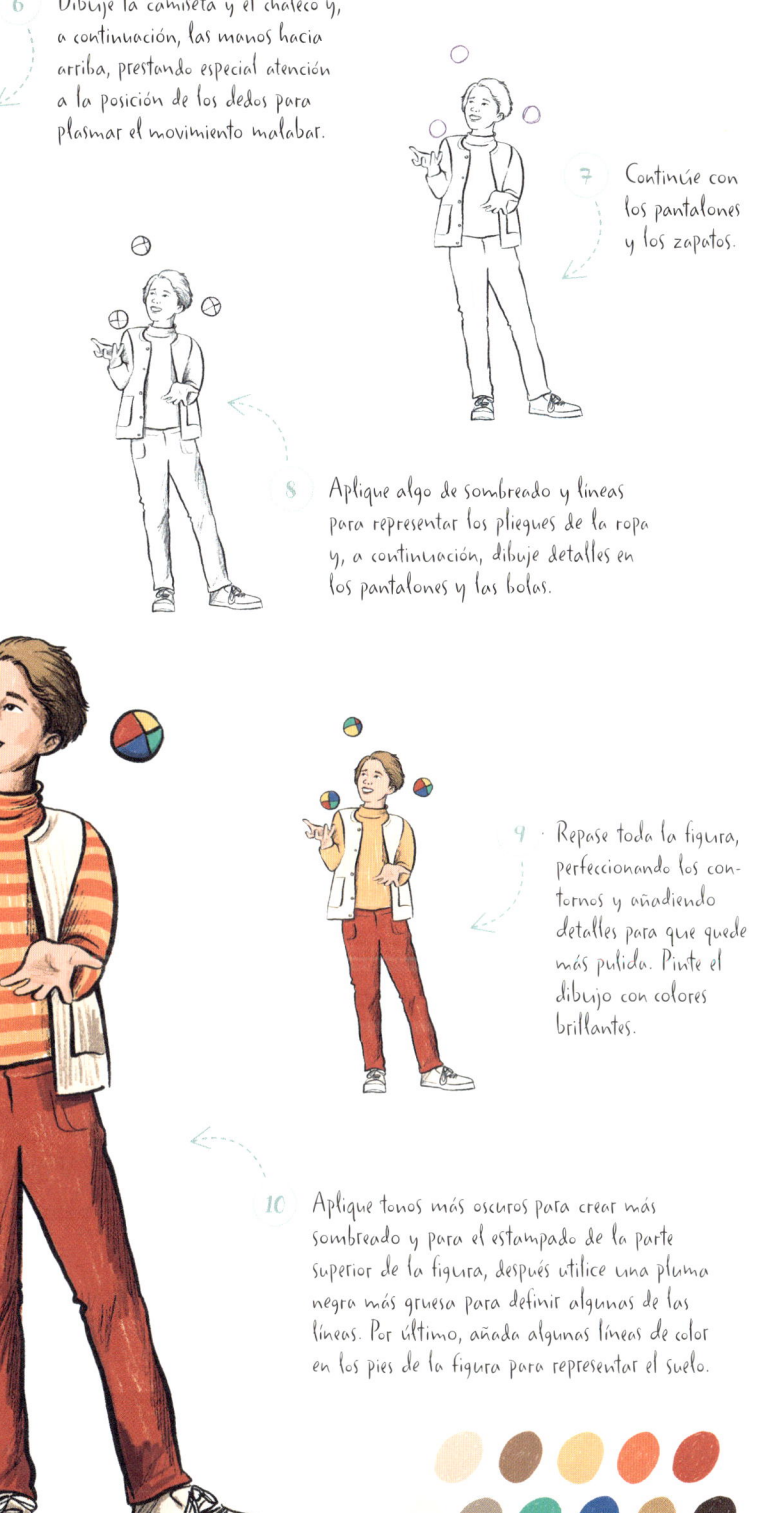

6 Dibuje la camiseta y el chaleco y, a continuación, las manos hacia arriba, prestando especial atención a la posición de los dedos para plasmar el movimiento malabar.

7 Continúe con los pantalones y los zapatos.

8 Aplique algo de sombreado y líneas para representar los pliegues de la ropa y, a continuación, dibuje detalles en los pantalones y las bolas.

9 Repase toda la figura, perfeccionando los contornos y añadiendo detalles para que quede más pulida. Pinte el dibujo con colores brillantes.

10 Aplique tonos más oscuros para crear más sombreado y para el estampado de la parte superior de la figura, después utilice una pluma negra más gruesa para definir algunas de las líneas. Por último, añada algunas líneas de color en los pies de la figura para representar el suelo.

Actividades populares
Haciendo kárate

Esta pose contundente refleja fuerza, determinación y acción. Los brazos son dinámicos, uno echado hacia atrás y el otro impulsado hacia delante, y los puños están cerrados con fuerza.

1 Comience dibujando un círculo para la cabeza. Añada una línea corta debajo para el cuello y otra inclinada para los hombros.

2 Esboce la parte superior del torso, manteniendo las líneas ligeramente inclinadas para sugerir una postura natural.

3 Añada una forma rectangular para la parte inferior del torso y dibuje líneas para las piernas. Colóquelas muy separadas y ligeramente flexionadas por las rodillas. Dibuje círculos para las rodillas y óvalos para los pies. Las líneas de referencia moradas le ayudarán con las proporciones.

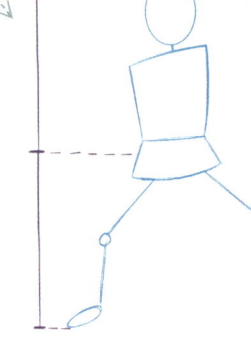

4 Dibuje líneas de referencia para los brazos, añadiendo círculos para los codos y las manos. Ambos brazos deben estar doblados y una mano levantada por encima de la altura de los hombros.

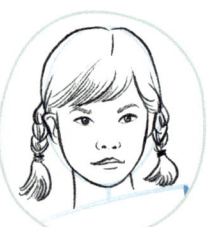

5 Dibuje el cuello, el pelo y los rasgos faciales. Cree una expresión decidida con los ojos entrecerrados y la mandíbula apretada.

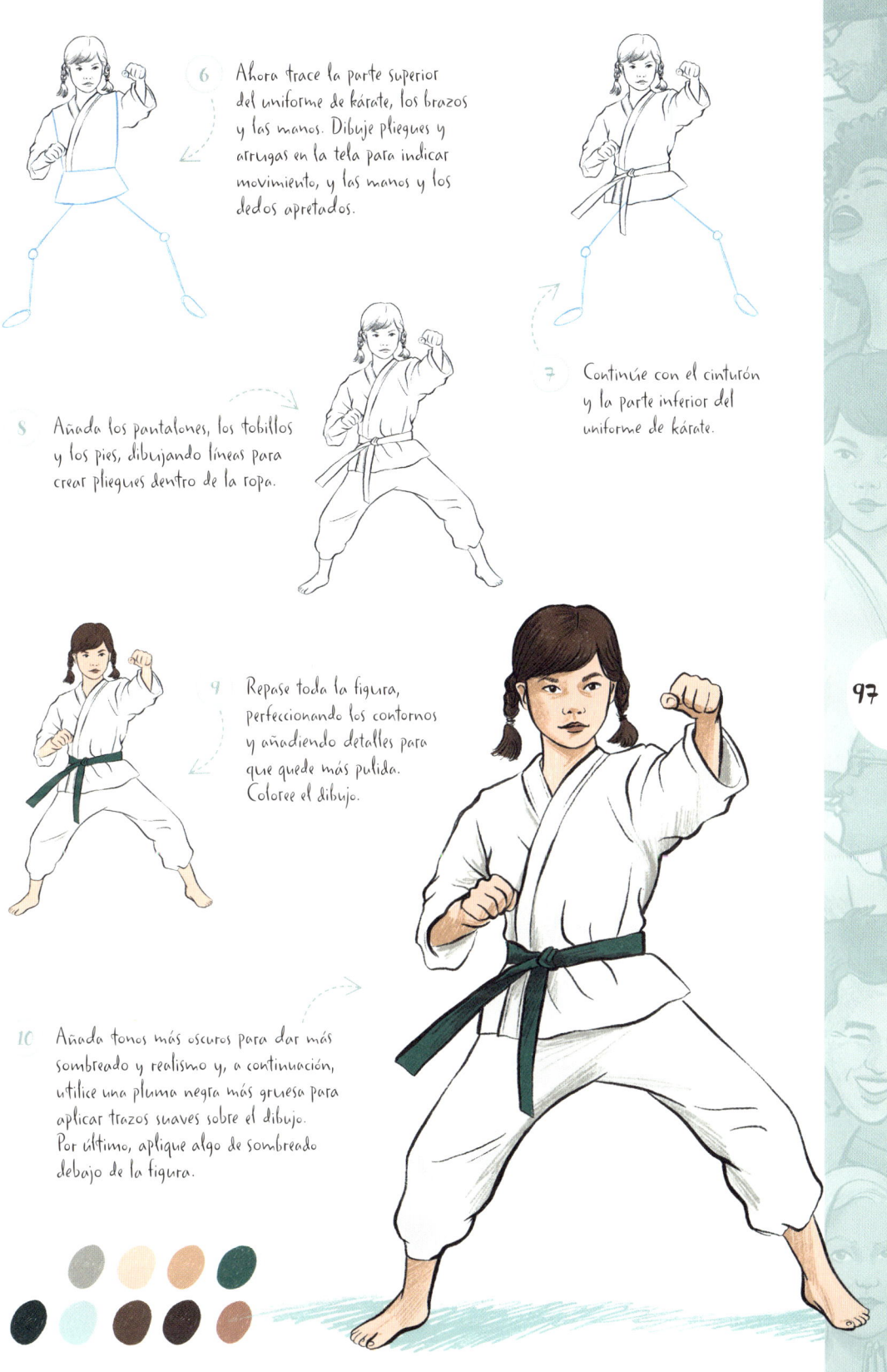

6 Ahora trace la parte superior del uniforme de kárate, los brazos y las manos. Dibuje pliegues y arrugas en la tela para indicar movimiento, y las manos y los dedos apretados.

7 Continúe con el cinturón y la parte inferior del uniforme de kárate.

8 Añada los pantalones, los tobillos y los pies, dibujando líneas para crear pliegues dentro de la ropa.

9 Repase toda la figura, perfeccionando los contornos y añadiendo detalles para que quede más pulida. Coloree el dibujo.

10 Añada tonos más oscuros para dar más sombreado y realismo y, a continuación, utilice una pluma negra más gruesa para aplicar trazos suaves sobre el dibujo. Por último, aplique algo de sombreado debajo de la figura.

Cantando

Esta postura rebosa energía y expresión. La figura se inclina hacia atrás mientras se mueve al ritmo de la música, con los ojos cerrados y la boca abierta mientras proyecta su voz.

1 Empiece dibujando un eje vertical dividido en seis segmentos iguales para facilitar la representación de las proporciones. Añada un círculo en el segmento superior, ligeramente a la derecha del eje, como guía para la cabeza, y a continuación una línea corta inclinada para el cuello.

2 Trace líneas de referencia para el torso en los dos segmentos siguientes.

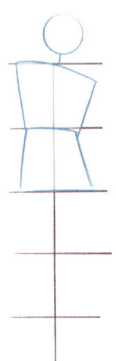

3 Dibuje líneas para representar las piernas, añadiendo círculos para las rodillas. Las piernas deben estar paralelas y ligeramente flexionadas por las rodillas. Trace óvalos para los pies en posición elevada, ya que la figura llevará tacones altos.

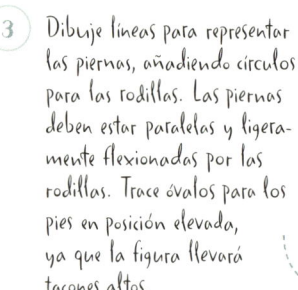

4 Dibuje líneas de referencia para los brazos y añada círculos para los codos. Ambos brazos están doblados y levantados. Trace óvalos para las manos.

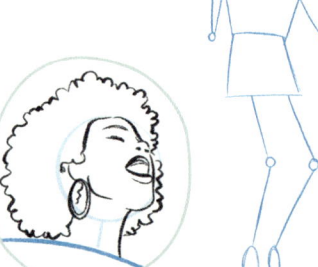

5 Dibuje el cuello, la cara y los rasgos faciales. Como el personaje está cantando, esboce la boca abierta y los ojos cerrados. Con una serie de líneas curvas, dibuje el pelo y añada un pendiente.

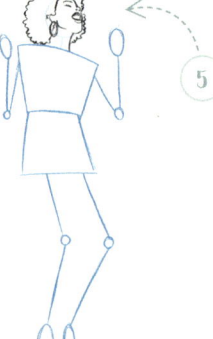

98

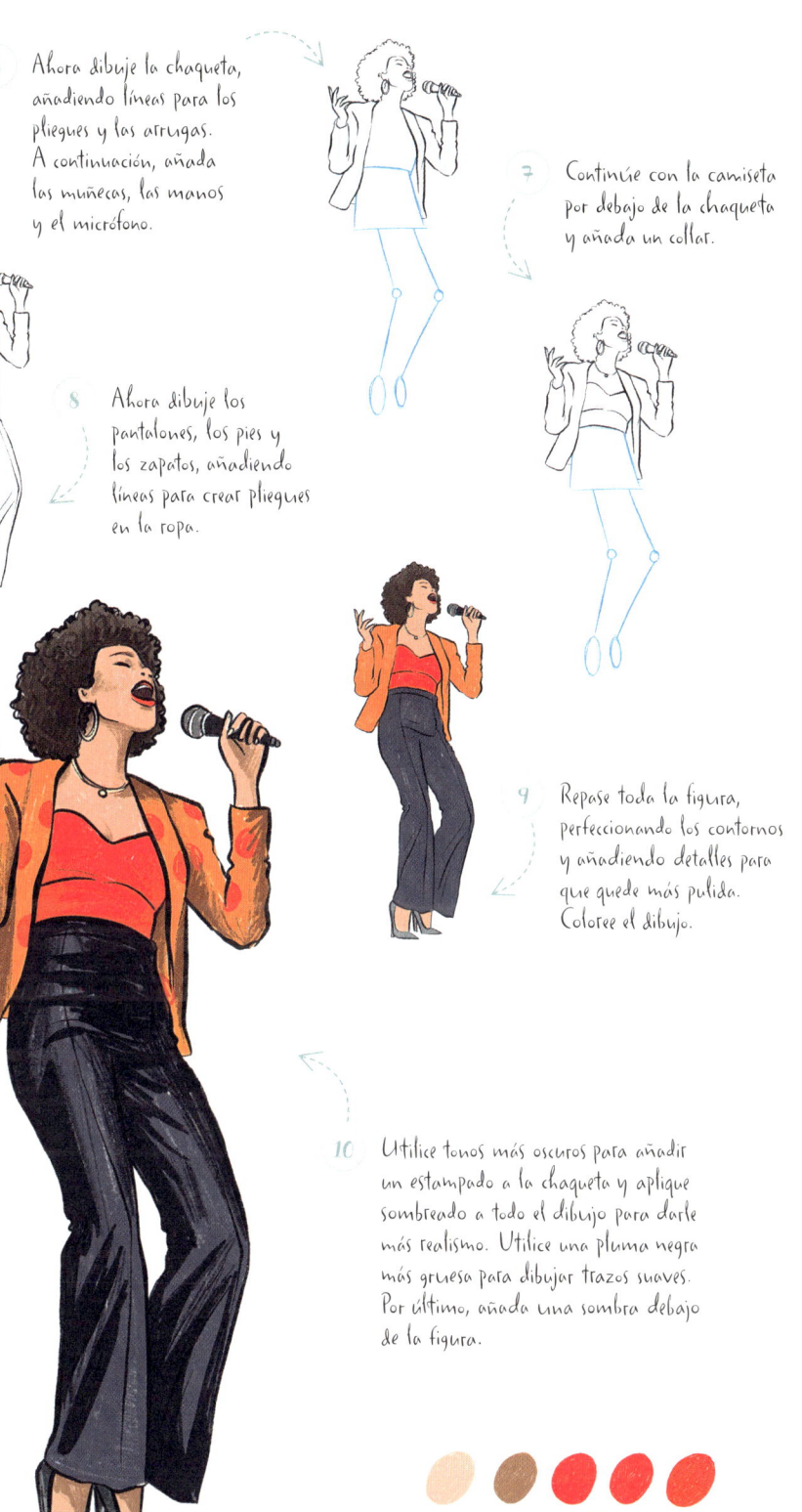

6 Ahora dibuje la chaqueta, añadiendo líneas para los pliegues y las arrugas. A continuación, añada las muñecas, las manos y el micrófono.

7 Continúe con la camiseta por debajo de la chaqueta y añada un collar.

8 Ahora dibuje los pantalones, los pies y los zapatos, añadiendo líneas para crear pliegues en la ropa.

9 Repase toda la figura, perfeccionando los contornos y añadiendo detalles para que quede más pulida. Coloree el dibujo.

10 Utilice tonos más oscuros para añadir un estampado a la chaqueta y aplique sombreado a todo el dibujo para darle más realismo. Utilice una pluma negra más gruesa para dibujar trazos suaves. Por último, añada una sombra debajo de la figura.

Bailando

La elegancia y el porte se aprecian en la posición de la cabeza y los dedos de la bailarina de ballet, en las largas líneas de sus brazos y piernas, y en sus pies de puntillas.

1 Empiece dibujando un eje vertical dividido en seis segmentos iguales para facilitar la representación de las proporciones. Añada un círculo dentro del segmento superior para representar la cabeza. Fíjese en que está descentrado, hacia la derecha.

2 Añada una línea de referencia corta para el cuello. A continuación, en el segmento inferior, añada una guía para el torso.

100

3 Añada una forma para el tutú de la bailarina debajo del torso.

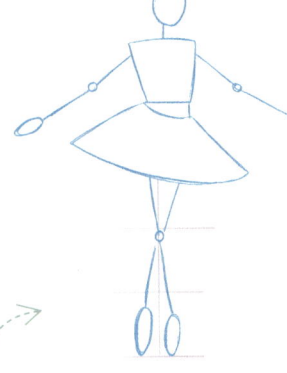

4 Dibuje guías para los brazos, que están estirados hacia los lados. Añada círculos para los codos y óvalos para las manos. Trace las guías para las piernas y los pies cruzados. Solo se verá una rodilla: dibuje un círculo para representarla. Añada óvalos para los pies.

5 Céntrese en la cabeza. Dibuje los rasgos faciales, perfeccione la forma de la cara y añada la oreja, el cuello y el pelo recogido en un moño alto.

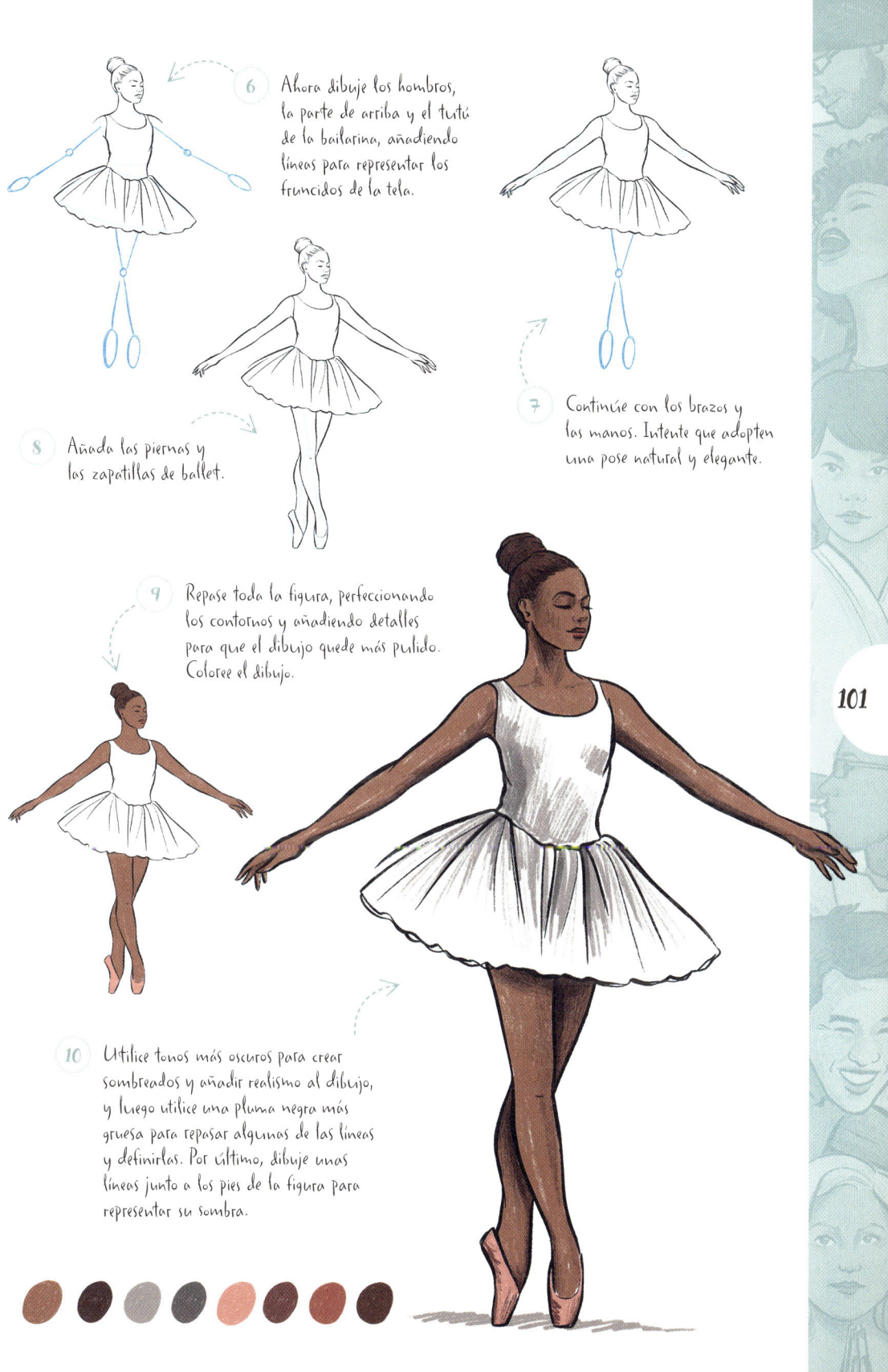

6 Ahora dibuje los hombros, la parte de arriba y el tutú de la bailarina, añadiendo líneas para representar los fruncidos de la tela.

8 Añada las piernas y las zapatillas de ballet.

7 Continúe con los brazos y las manos. Intente que adopten una pose natural y elegante.

9 Repase toda la figura, perfeccionando los contornos y añadiendo detalles para que el dibujo quede más pulido. Coloree el dibujo.

10 Utilice tonos más oscuros para crear sombreados y añadir realismo al dibujo, y luego utilice una pluma negra más gruesa para repasar algunas de las líneas y definirlas. Por último, dibuje unas líneas junto a los pies de la figura para representar su sombra.

Jugando al tenis

Una pose poderosa que transmite energía y fuerza. La figura está decidida
y concentrada en la pelota, sus brazos están colocados para mantener
el equilibrio mientras se prepara para golpear.

1 Empiece por trazar una línea curva que sirva de guía para los brazos. Añada una marca en el centro de la línea.

2 Donde está la marca, añada un óvalo como guía para la cabeza.

3 Dibuje círculos en cada extremo de la línea para representar las manos. Esboce la raqueta de tenis en la mano derecha de la figura. Añada una forma rectangular a modo de guía para la parte superior del torso.

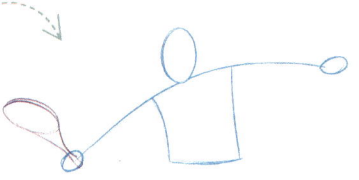

4 Añada las líneas de referencia de las piernas por debajo de la parte superior del torso: la perspectiva nos impide ver la parte inferior del torso. Tampoco podemos ver la espinilla izquierda de la figura. Añada círculos para las rodillas, un triángulo para el pie derecho de la figura y un pequeño óvalo para su pie izquierdo. Fíjese en que la rodilla derecha está en la misma línea vertical que la cabeza, lo que ayudará a equilibrar la composición.

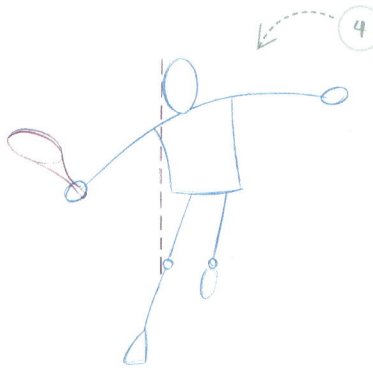

5 Dibuje los rasgos faciales, la oreja y el pelo y perfeccione la forma de la cara. Añada la cinta de la cabeza y la pelota de tenis.

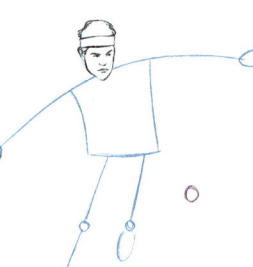

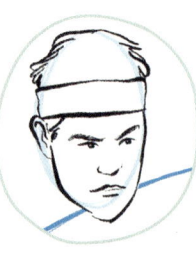

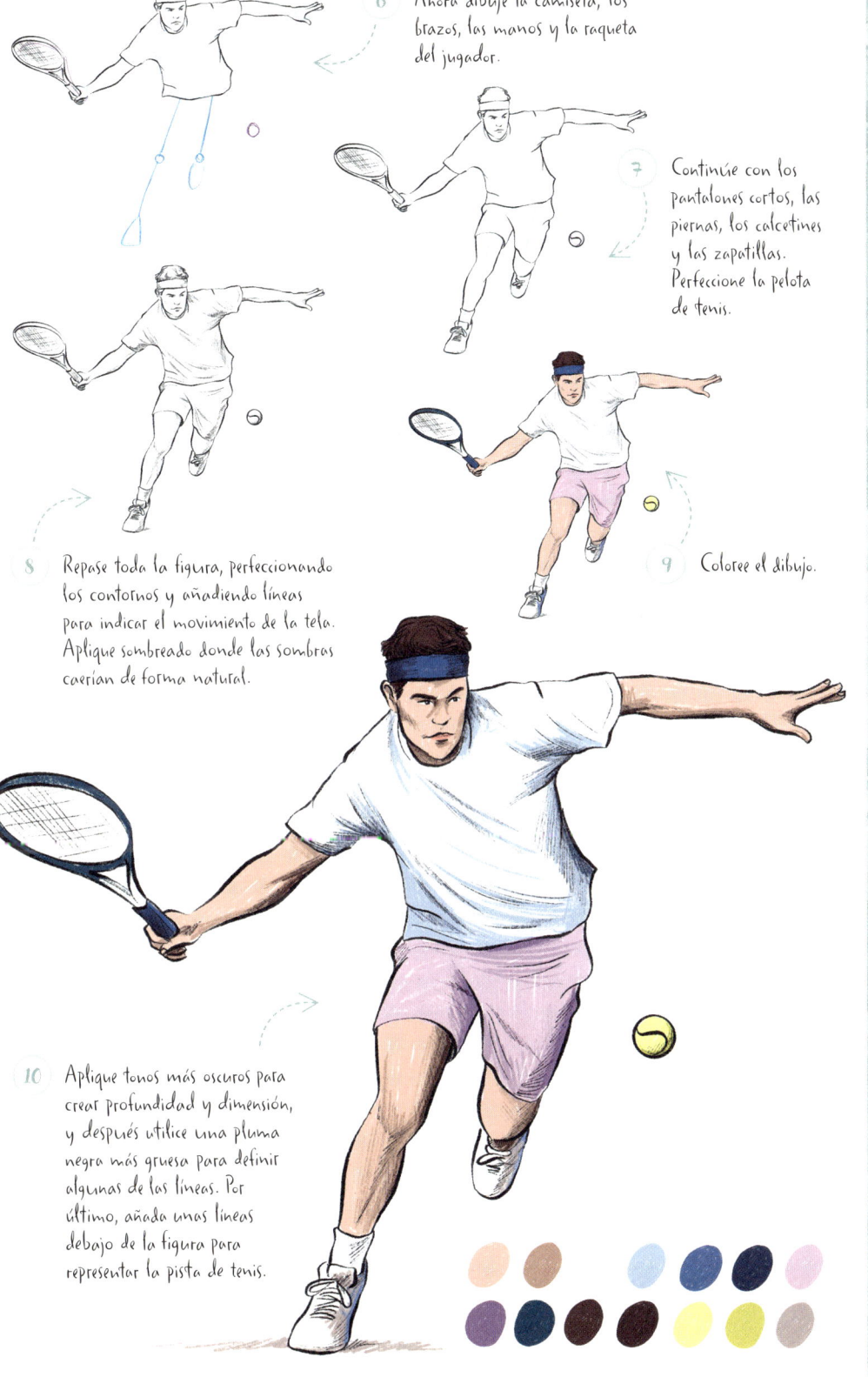

6 Ahora dibuje la camiseta, los brazos, las manos y la raqueta del jugador.

7 Continúe con los pantalones cortos, las piernas, los calcetines y las zapatillas. Perfeccione la pelota de tenis.

8 Repase toda la figura, perfeccionando los contornos y añadiendo líneas para indicar el movimiento de la tela. Aplique sombreado donde las sombras caerían de forma natural.

9 Coloree el dibujo.

10 Aplique tonos más oscuros para crear profundidad y dimensión, y después utilice una pluma negra más gruesa para definir algunas de las líneas. Por último, añada unas líneas debajo de la figura para representar la pista de tenis.

Jugando al fútbol

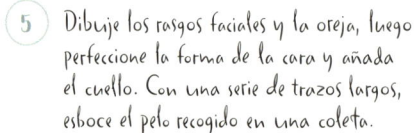

Este dibujo representa habilidad, equilibrio y rapidez de movimientos, con el peso de la figura sobre una pierna y la otra doblada hacia atrás, preparándose para patear el balón que tiene delante.

1 Empiece dibujando un círculo a modo de guía para la cabeza. Añada una línea corta y ligeramente curva debajo para los hombros. En esta fase no hace falta dibujar el cuello.

2 Siga dibujando líneas de referencia para la parte superior e inferior del torso.

3 Añada líneas de referencia para los brazos, ambos ligeramente doblados hacia abajo. Esboce círculos para los codos y óvalos para las manos.

4 Trace líneas de referencia para las piernas. Como la figura está corriendo, una rodilla estará más alta que la otra y una pierna estará doblada hacia atrás. Esboce el balón.

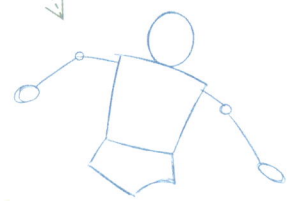

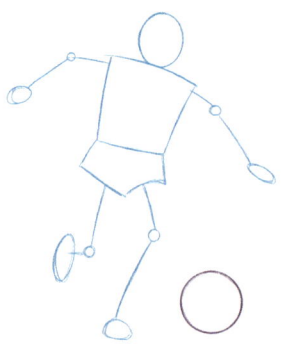

5 Dibuje los rasgos faciales y la oreja, luego perfeccione la forma de la cara y añada el cuello. Con una serie de trazos largos, esboce el pelo recogido en una coleta.

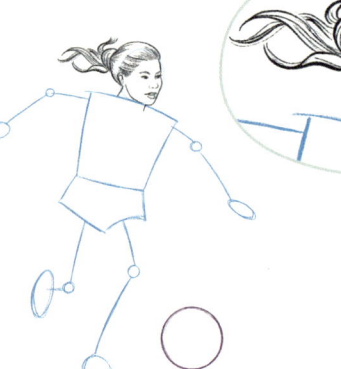

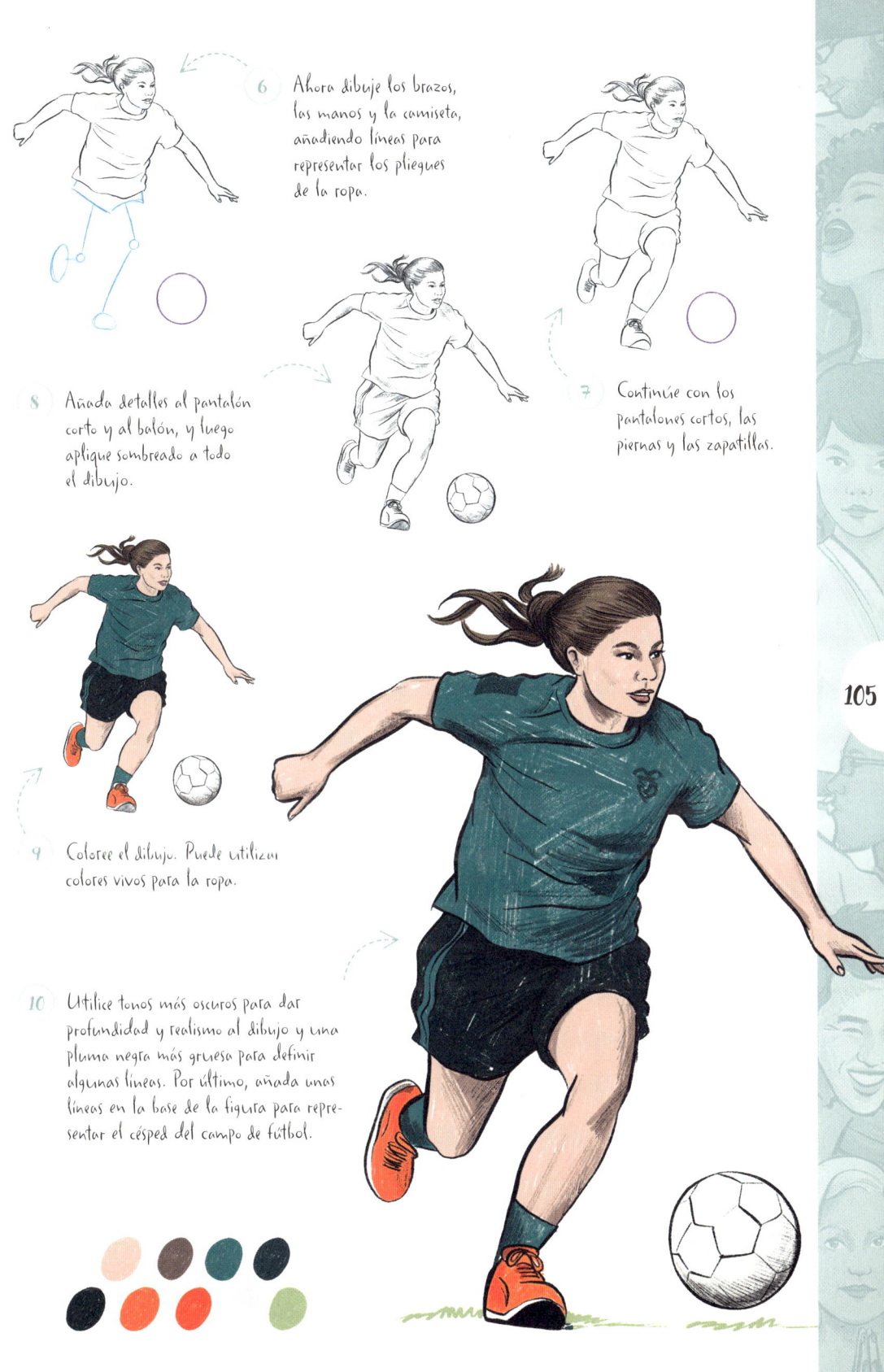

6 Ahora dibuje los brazos, las manos y la camiseta, añadiendo líneas para representar los pliegues de la ropa.

8 Añada detalles al pantalón corto y al balón, y luego aplique sombreado a todo el dibujo.

7 Continúe con los pantalones cortos, las piernas y las zapatillas.

9 Coloree el dibujo. Puede utilizar colores vivos para la ropa.

10 Utilice tonos más oscuros para dar profundidad y realismo al dibujo y una pluma negra más gruesa para definir algunas líneas. Por último, añada unas líneas en la base de la figura para representar el césped del campo de fútbol.

Jugando al golf

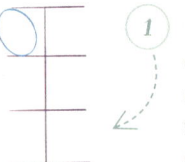

En esta pose queda plasmado el suave y potente swing de un golfista profesional. La forma de las líneas utilizadas para el torso y las piernas muestra la acción de giro.

1 Empiece dibujando un eje vertical dividido en seis segmentos iguales para facilitar la representación de las proporciones. En el segmento superior, a la izquierda, dibuje un óvalo inclinado hacia la izquierda como guía para la cabeza.

2 Debajo, esboce una forma rectangular como guía para el torso. Tenga en cuenta la postura del golfista: está inclinado hacia la izquierda.

3 Ahora trace líneas de referencia para los brazos y añada círculos para los codos y las manos. Dibuje el palo de golf en las manos del personaje.

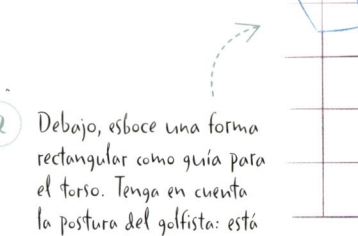

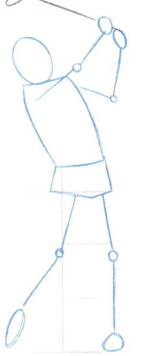

4 Añada líneas de referencia para las piernas, con la pierna derecha ligeramente flexionada. Trace círculos para las rodillas y el pie izquierdo y un óvalo para el pie derecho.

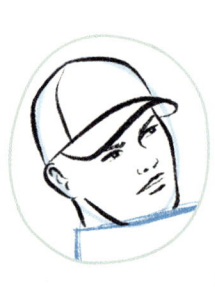

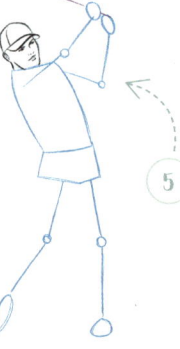

5 Añada detalles a la cabeza: dibuje los rasgos faciales, la oreja y el cuello, y luego perfeccione la forma de la cara. Añada una gorra.

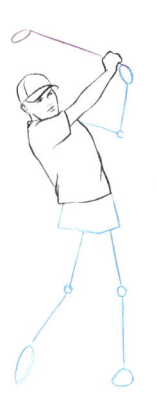

6 Dibuje el brazo derecho y la mano que sujeta el palo de golf. Añada la camiseta, con líneas que indiquen el movimiento de la tela.

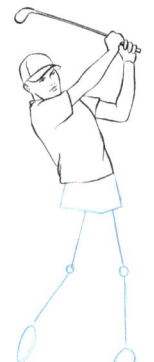

7 Perfeccione el palo de golf esbozando una forma larga y fina para el palo y añadiendo la cabeza del palo. Dibuje el brazo y la mano izquierdos, y añada la manga de la camiseta.

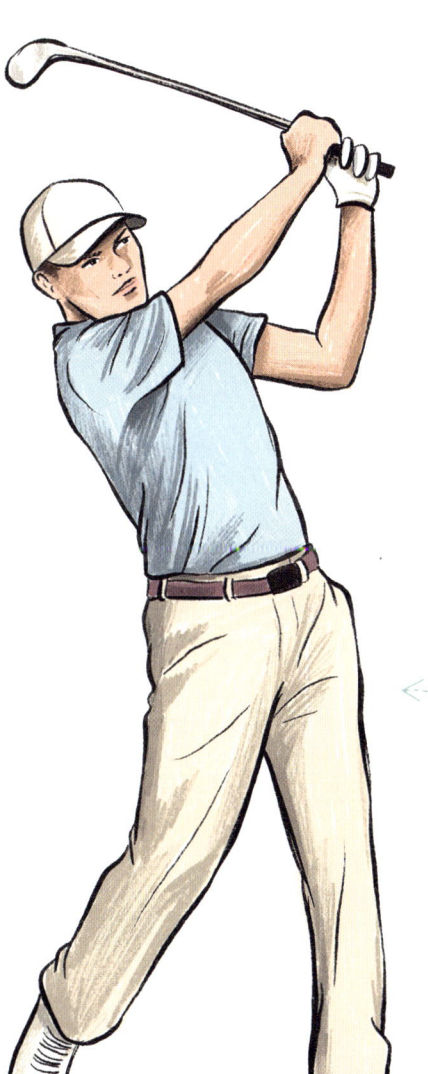

8 Dibuje los pantalones, añadiendo un cinturón y líneas para los pliegues de la tela.

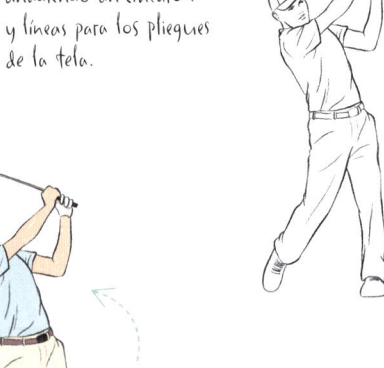

9 Corrija los detalles para mejorar la composición general y el equilibrio y, luego, coloree el dibujo.

10 Utilice tonos más oscuros para dar más realismo y crear sombreados donde las sombras caerían de forma natural. Con una pluma negra más gruesa, repase algunas de las líneas para definirlas. Por último, añada líneas junto a los pies de la figura para representar el campo de golf.

Jugando al béisbol

La fuerza necesaria para golpear una pelota de béisbol se transmite mediante el ángulo pronunciado del cuerpo, inclinado hacia atrás, y la separación entre los pies.

1 Empiece dibujando un óvalo a modo de guía para la cabeza. Debajo del óvalo, añada una línea curva hacia abajo para el torso, seguida de una línea recta que vaya hacia la izquierda para la pierna derecha de la figura. Al final de la línea, añada un óvalo a modo de guía para el pie derecho.

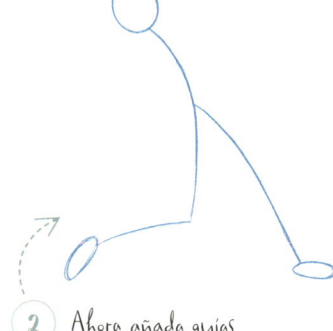

2 Ahora añada guías para la pierna y el pie izquierdos.

3 Esboce las guías para los brazos y las manos, que están juntos delante de la figura.

4 Trace el bate de béisbol.

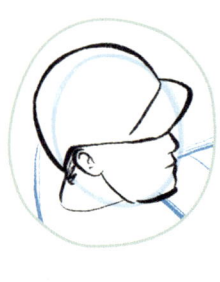

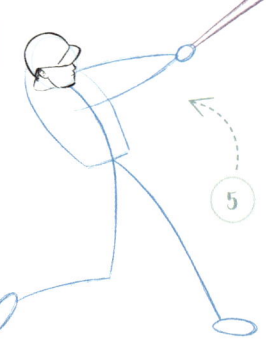

5 Añada detalles a la cabeza, perfeccionando la forma de la cara y dibujando los rasgos faciales, la oreja, el pelo y la gorra.

108

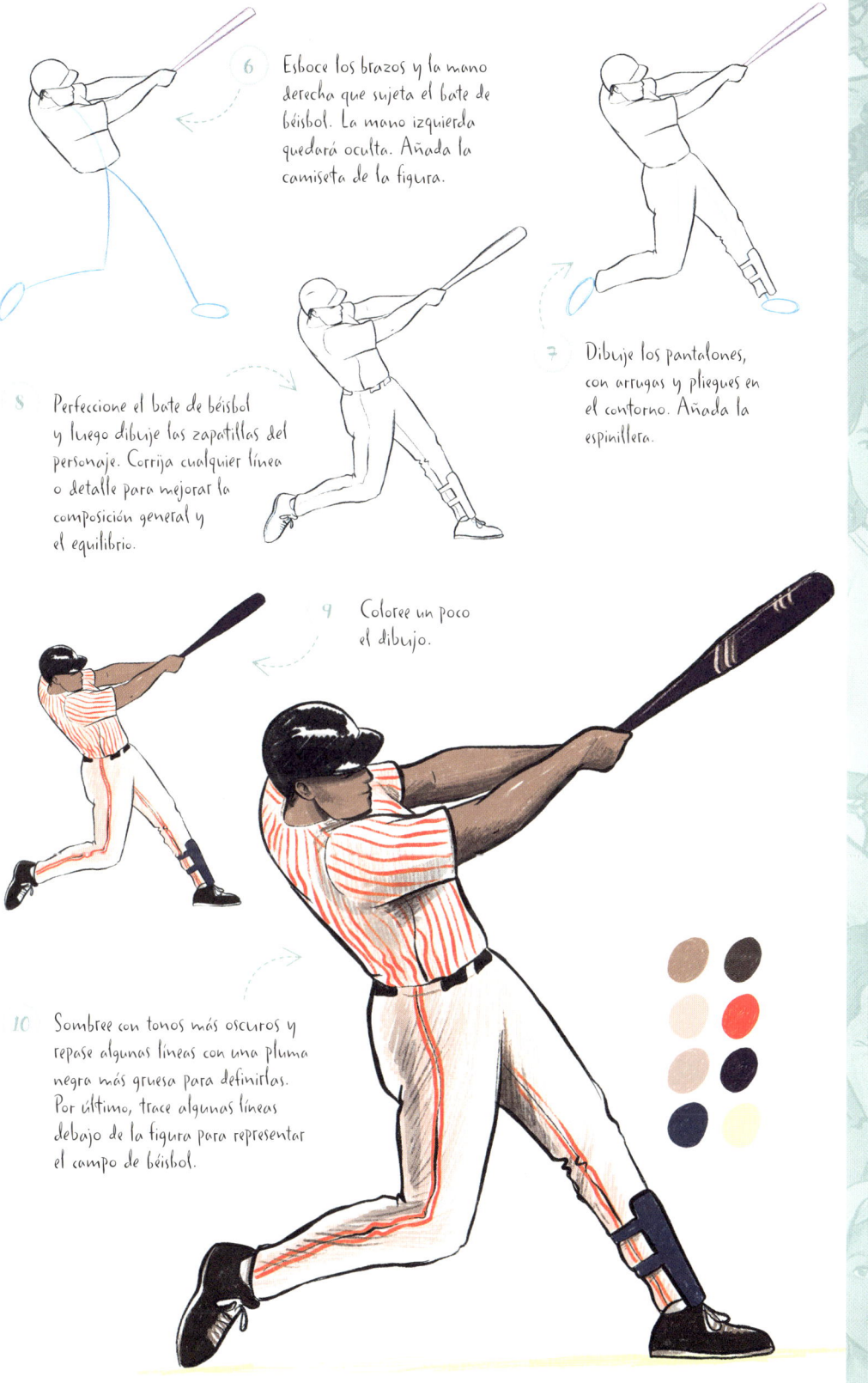

6 Esboce los brazos y la mano derecha que sujeta el bate de béisbol. La mano izquierda quedará oculta. Añada la camiseta de la figura.

7 Dibuje los pantalones, con arrugas y pliegues en el contorno. Añada la espinillera.

8 Perfeccione el bate de béisbol y luego dibuje las zapatillas del personaje. Corrija cualquier línea o detalle para mejorar la composición general y el equilibrio.

9 Coloree un poco el dibujo.

10 Sombree con tonos más oscuros y repase algunas líneas con una pluma negra más gruesa para definirlas. Por último, trace algunas líneas debajo de la figura para representar el campo de béisbol.

Jugando al baloncesto

Al representar una figura en movimiento, si da al personaje un objeto que sujetar y con el que interactuar logrará dinamismo y le dará vida al dibujo.

1 Empiece dibujando un óvalo a modo de guía para la cabeza. Debajo del óvalo, dibuje una forma en zigzag como la que se muestra para representar la forma general de la figura y plasmar el movimiento de salto.

2 Trace líneas de referencia para el torso, los brazos, las manos, las piernas y los pies. Añada un círculo para el balón en la mano derecha del jugador.

110

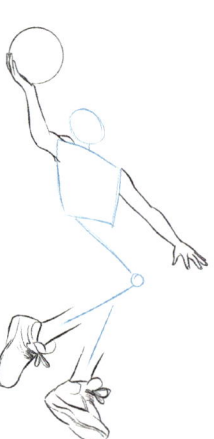

3 Esboce los brazos y las manos, colocándolos como si fuera a lanzar a canasta. Perfeccione la forma del balón.

4 Dibuje las zapatillas, haciéndolas bastante grandes para dar la impresión de que el jugador está saltando muy alto.

5 Céntrese en la cabeza: dibuje los rasgos faciales, el cuello y el pelo.

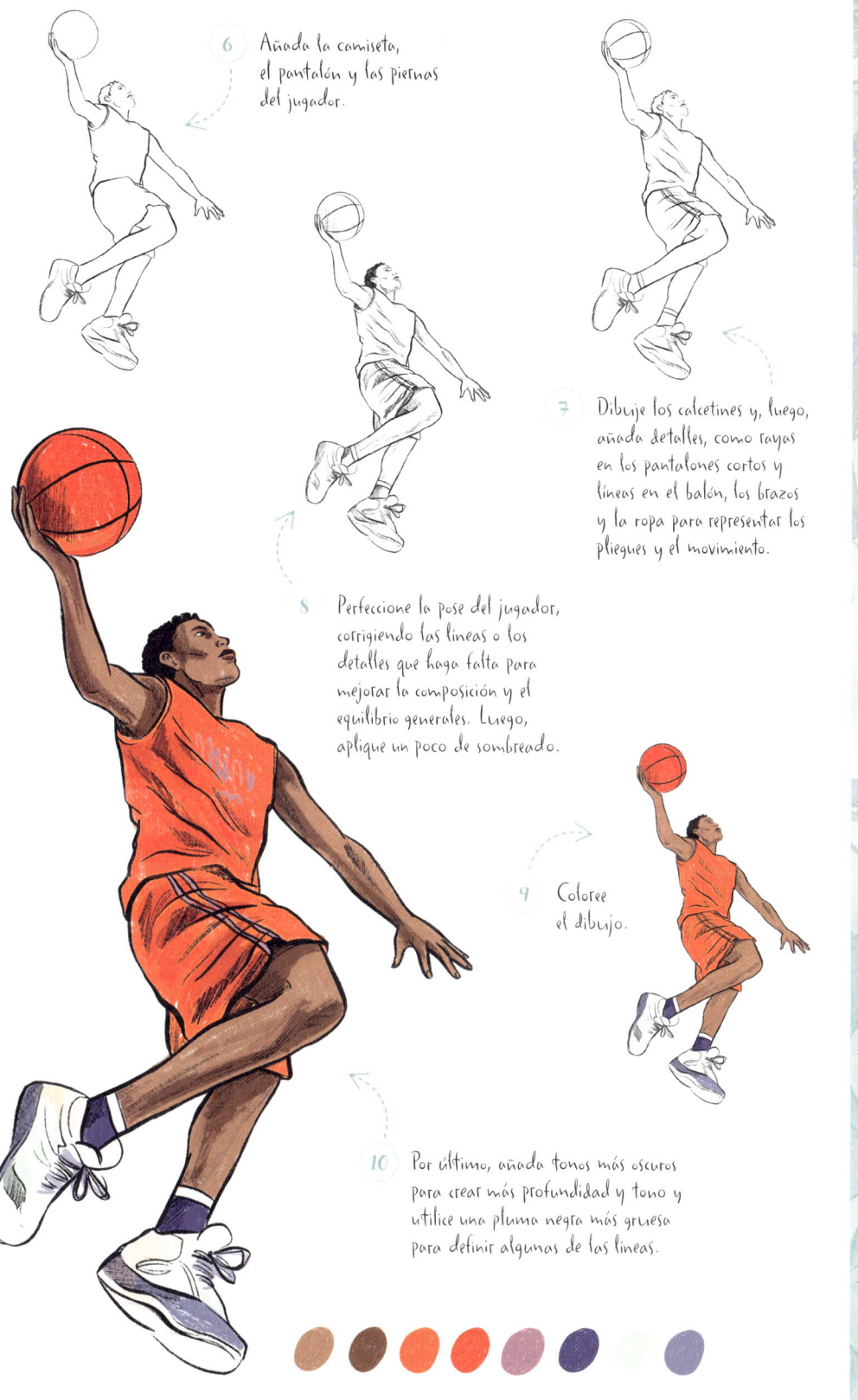

6 Añada la camiseta, el pantalón y las piernas del jugador.

7 Dibuje los calcetines y, luego, añada detalles, como rayas en los pantalones cortos y líneas en el balón, los brazos y la ropa para representar los pliegues y el movimiento.

8 Perfeccione la pose del jugador, corrigiendo las líneas o los detalles que haga falta para mejorar la composición y el equilibrio generales. Luego, aplique un poco de sombreado.

9 Coloree el dibujo.

10 Por último, añada tonos más oscuros para crear más profundidad y tono y utilice una pluma negra más gruesa para definir algunas de las líneas.

Actividades populares
Nadando

En este dibujo se utilizan líneas largas para representar el cuerpo del nadador mientras se mueve para prepararse para la siguiente brazada. El brazo y la pierna opuestos están estirados mientras se deslizan por el agua.

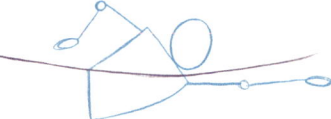

1. Trace una línea larga, horizontal y con una suave curva para representar la superficie del agua. Añada un óvalo para la cabeza y una forma rectangular para la parte superior del torso.

2. Esboce líneas de referencia para los brazos, con uno extendido hacia delante y el otro doblado hacia atrás, como si estuvieran buscando la siguiente brazada. Añada círculos para los codos y óvalos para las manos.

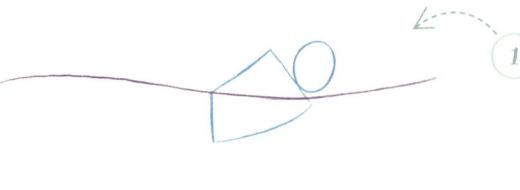

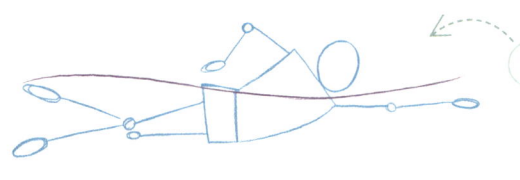

3. Añada líneas de referencia para la parte inferior del torso y las piernas bajo el agua, utilizando círculos para las rodillas y óvalos para los pies.

4. Céntrese en la cabeza. Dibuje los rasgos faciales y perfeccione la forma de la cabeza. Colóquele unas gafas y un gorro de natación.

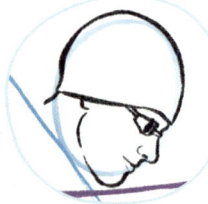

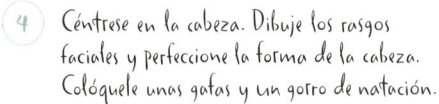

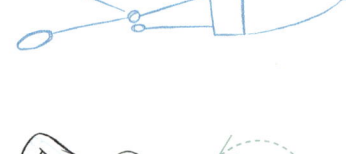

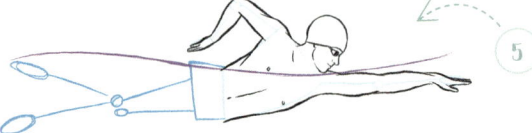

5. Ahora dibuje la parte superior del torso, los brazos y las manos del nadador.

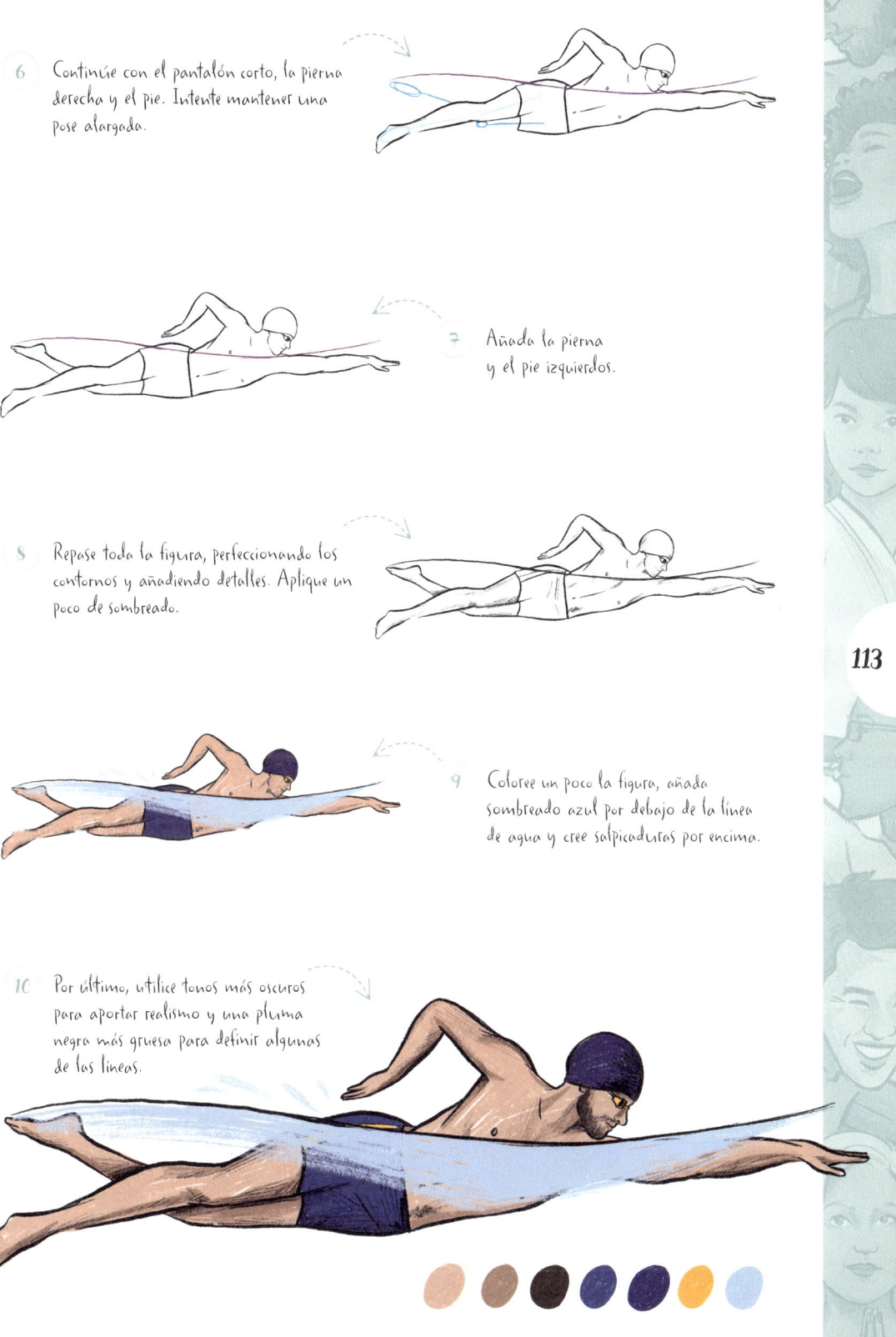

6 Continúe con el pantalón corto, la pierna derecha y el pie. Intente mantener una pose alargada.

7 Añada la pierna y el pie izquierdos.

8 Repase toda la figura, perfeccionando los contornos y añadiendo detalles. Aplique un poco de sombreado.

9 Coloree un poco la figura, añada sombreado azul por debajo de la línea de agua y cree salpicaduras por encima.

10 Por último, utilice tonos más oscuros para aportar realismo y una pluma negra más gruesa para definir algunas de las líneas.

113

Haciendo yoga

Este dibujo refleja serenidad, equilibrio y calma meditativa. Una vez que domine esta postura de yoga, ¿por qué no prueba con otra? Hay muchas por explorar.

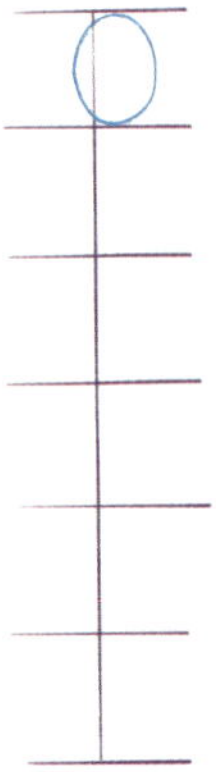

1 Empiece dibujando un eje vertical dividido en seis segmentos iguales. Añada un círculo en el primer segmento, un poco descentrado, a modo de guía para la cabeza.

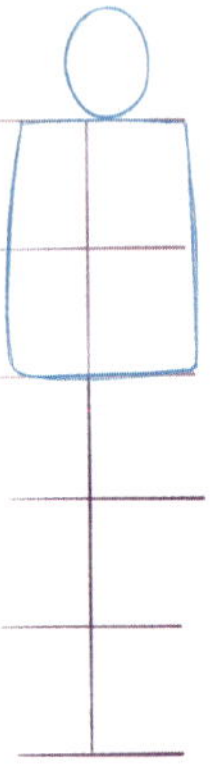

2 En los dos segmentos siguientes, trace las líneas de referencia del torso.

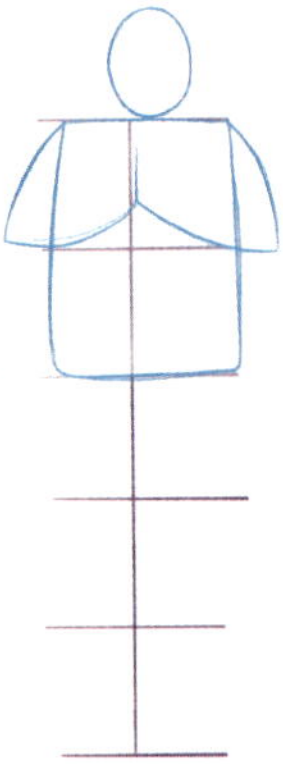

3 Añada dos líneas curvas que se unan en el centro del pecho, a modo de guías para los brazos y las manos.

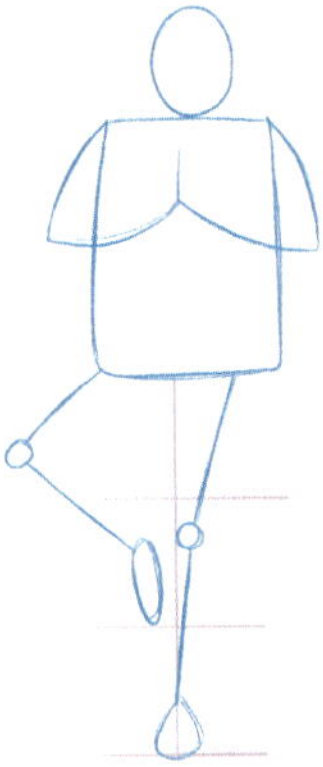

4 Dibuje guías para las piernas. Haga una de las piernas casi recta y la otra doblada. Utilice círculos para representar las rodillas. Para los pies, utilice un óvalo para el pie que está levantado y un triángulo redondeado para el pie que está en el suelo.

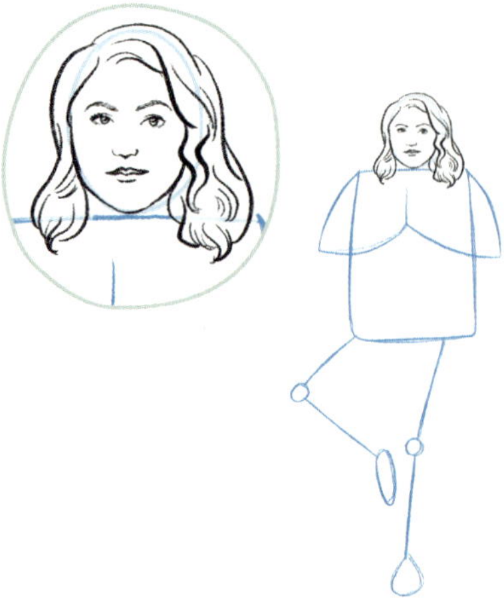

5 Céntrese en la cabeza y dibuje los rasgos faciales, luego perfeccione la forma de la cara y añada el pelo ondulado.

114

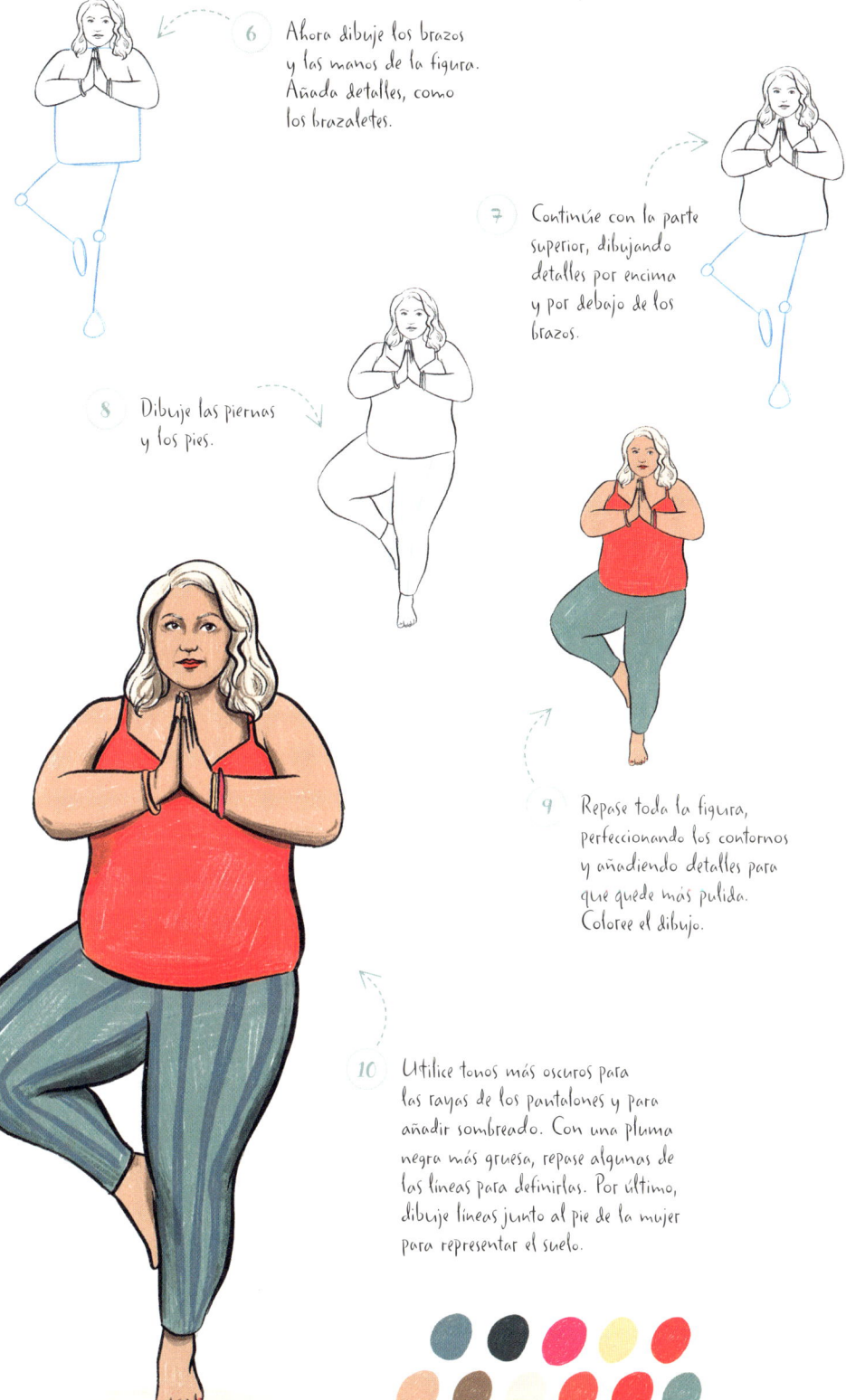

6 Ahora dibuje los brazos y las manos de la figura. Añada detalles, como los brazaletes.

7 Continúe con la parte superior, dibujando detalles por encima y por debajo de los brazos.

8 Dibuje las piernas y los pies.

9 Repase toda la figura, perfeccionando los contornos y añadiendo detalles para que quede más pulida. Coloree el dibujo.

10 Utilice tonos más oscuros para las rayas de los pantalones y para añadir sombreado. Con una pluma negra más gruesa, repase algunas de las líneas para definirlas. Por último, dibuje líneas junto al pie de la mujer para representar el suelo.

Actividades populares
Haciendo un sprint

Este velocista, que se equilibra sobre la punta del pie, tiene la mirada puesta en la línea de meta. La forma de su cuerpo y la prótesis con la que corre representan la energía de este dinámico deporte.

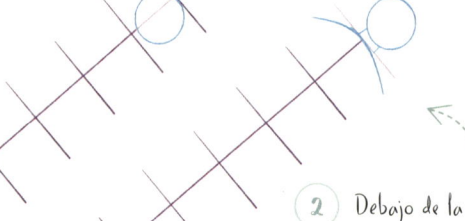

1 Empiece dibujando un eje diagonal dividido en seis segmentos iguales. Añada un círculo en el primer segmento como guía para la cabeza de la figura.

2 Debajo de la cabeza, trace líneas cortas para el cuello y una línea curva para los hombros.

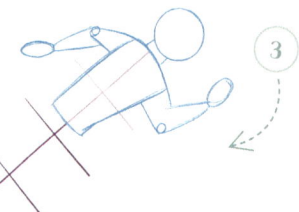

3 Esboce el resto de la parte superior del torso y añada guías para los brazos y las manos, utilizando círculos para los codos y óvalos para las manos.

4 Añada guías para la parte inferior del torso y las piernas: la pierna derecha de la figura es recta y sigue la línea del eje, la izquierda está doblada hacia arriba. Trace círculos para las rodillas y un óvalo para el pie derecho. A continuación, dibuje un triángulo y las formas curvas que se muestran para representar la prótesis para correr.

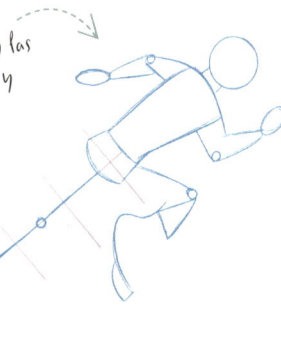

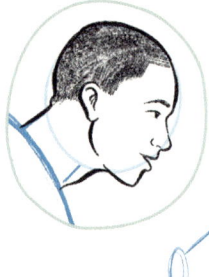

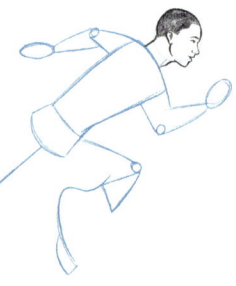

5 Céntrese en la cabeza y dibuje los rasgos faciales. Perfeccione la forma de la cara y añada la oreja, el pelo y el cuello.

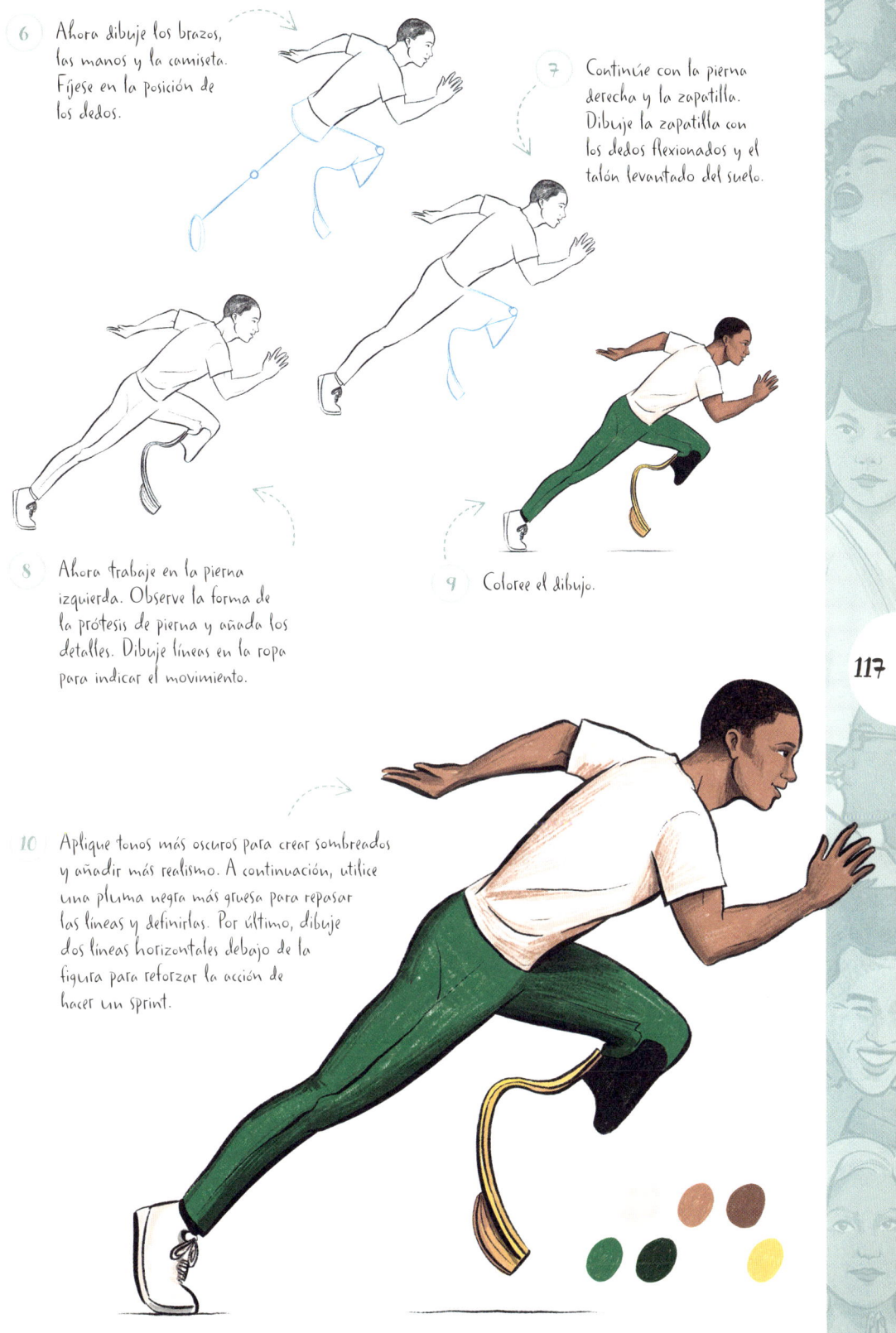

6 Ahora dibuje los brazos, las manos y la camiseta. Fíjese en la posición de los dedos.

7 Continúe con la pierna derecha y la zapatilla. Dibuje la zapatilla con los dedos flexionados y el talón levantado del suelo.

8 Ahora trabaje en la pierna izquierda. Observe la forma de la prótesis de pierna y añada los detalles. Dibuje líneas en la ropa para indicar el movimiento.

9 Coloree el dibujo.

10 Aplique tonos más oscuros para crear sombreados y añadir más realismo. A continuación, utilice una pluma negra más gruesa para repasar las líneas y definirlas. Por último, dibuje dos líneas horizontales debajo de la figura para reforzar la acción de hacer un sprint.

Actividades populares
Escalando

Utilice este ejercicio para ilustrar el físico de un escalador: la fuerza de su cuerpo y los músculos que flexiona para agarrarse a la pared rocosa y levantar el peso de su cuerpo.

1. Empiece dibujando un círculo a modo de guía para la cabeza. Debajo del círculo, dibuje una forma cuadrilátera, con la línea superior hacia la derecha, como guía para la parte superior del torso.

2. Debajo, trace la guía para la parte inferior del torso.

3. Añada líneas de referencia para las piernas: una doblada y otra recta. Dibuje círculos para las rodillas y óvalos para los pies.

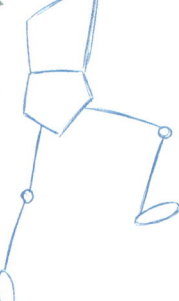

4. Trace la línea de referencia del brazo derecho de la figura, que se extiende hacia arriba. Añada un círculo para el codo y un óvalo para la mano.

5. Céntrese en la cabeza y los hombros. Dibuje el pelo, la oreja y el cuello y perfeccione la forma de la cara y los hombros.

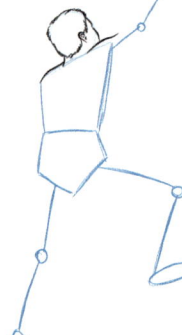

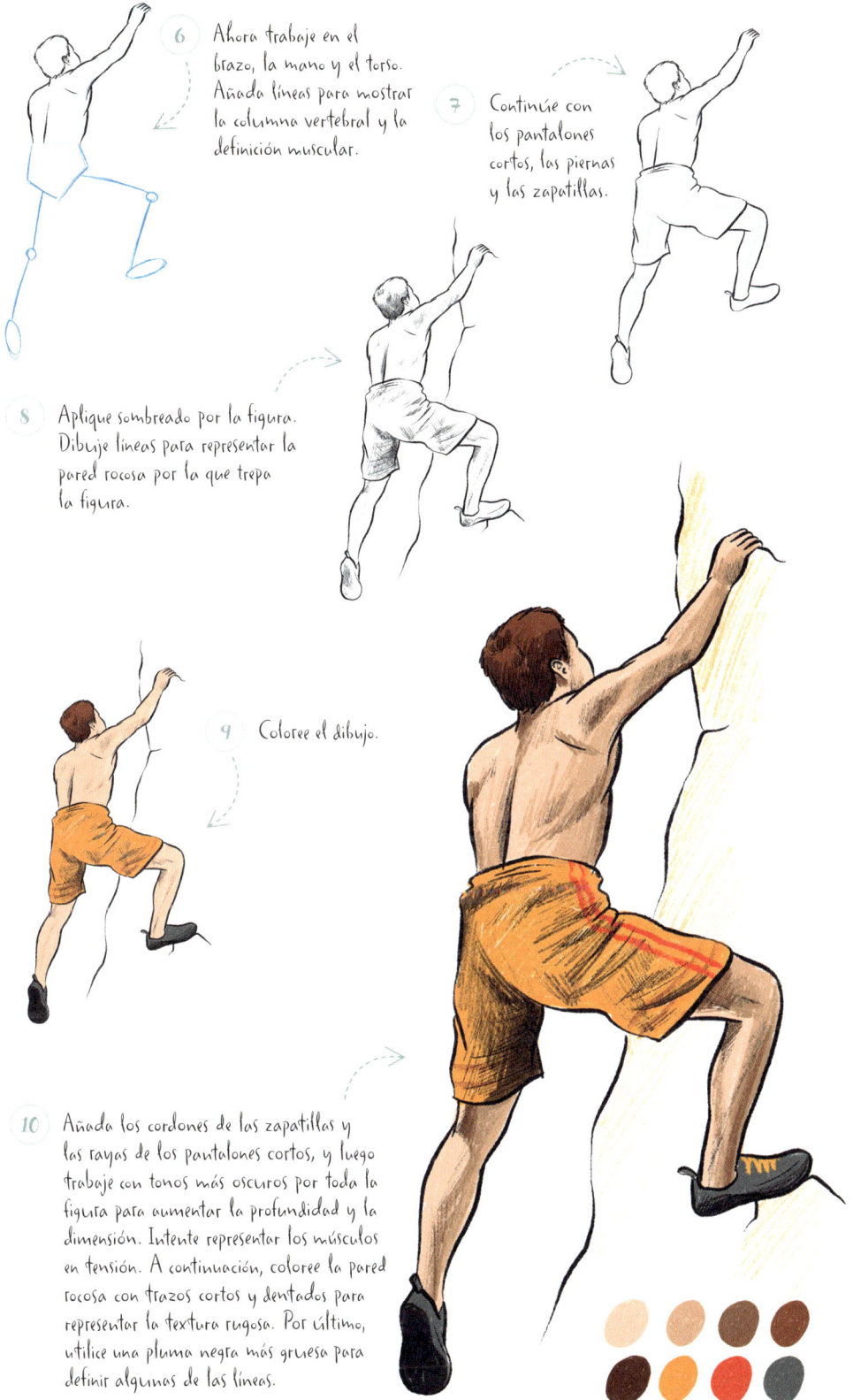

6 Ahora trabaje en el brazo, la mano y el torso. Añada líneas para mostrar la columna vertebral y la definición muscular.

7 Continúe con los pantalones cortos, las piernas y las zapatillas.

8 Aplique sombreado por la figura. Dibuje líneas para representar la pared rocosa por la que trepa la figura.

9 Coloree el dibujo.

10 Añada los cordones de las zapatillas y las rayas de los pantalones cortos, y luego trabaje con tonos más oscuros por toda la figura para aumentar la profundidad y la dimensión. Intente representar los músculos en tensión. A continuación, coloree la pared rocosa con trazos cortos y dentados para representar la textura rugosa. Por último, utilice una pluma negra más gruesa para definir algunas de las líneas.

Actividades populares
Haciendo surf

La posición del cuerpo muestra el hábil equilibrio que requiere el surf, mientras que la euforia que se siente al montar la ola queda reflejada en la expresión del surfista.

1 Empiece dibujando un óvalo con una línea en zigzag debajo como guía para la cabeza y la posición general del cuerpo.

2 Dibuje un rectángulo en la parte superior de la línea para representar la parte superior del torso, dejando una zona corta de línea para el cuello.

3 Añada líneas de referencia para los brazos. La perspectiva hace que solo podamos ver el antebrazo a la derecha de la figura. Añada un círculo para el codo izquierdo y óvalos para las manos.

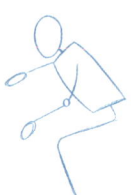

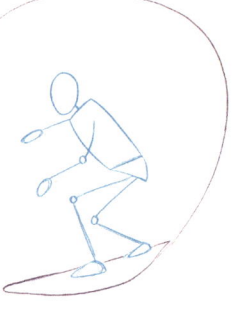

4 Dibuje líneas de referencia para la parte inferior del torso y las piernas: utilice círculos para las rodillas y formas triangulares para los pies. Añada un contorno aproximado de la tabla de surf debajo de la figura y una línea curva a su alrededor como guía para la ola.

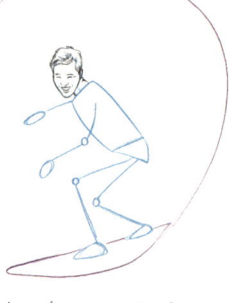

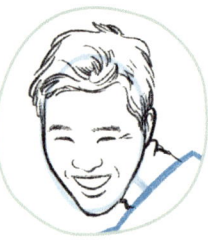

5 Esboce los rasgos faciales y el pelo y, a continuación, perfeccione el contorno de la cara de la figura.

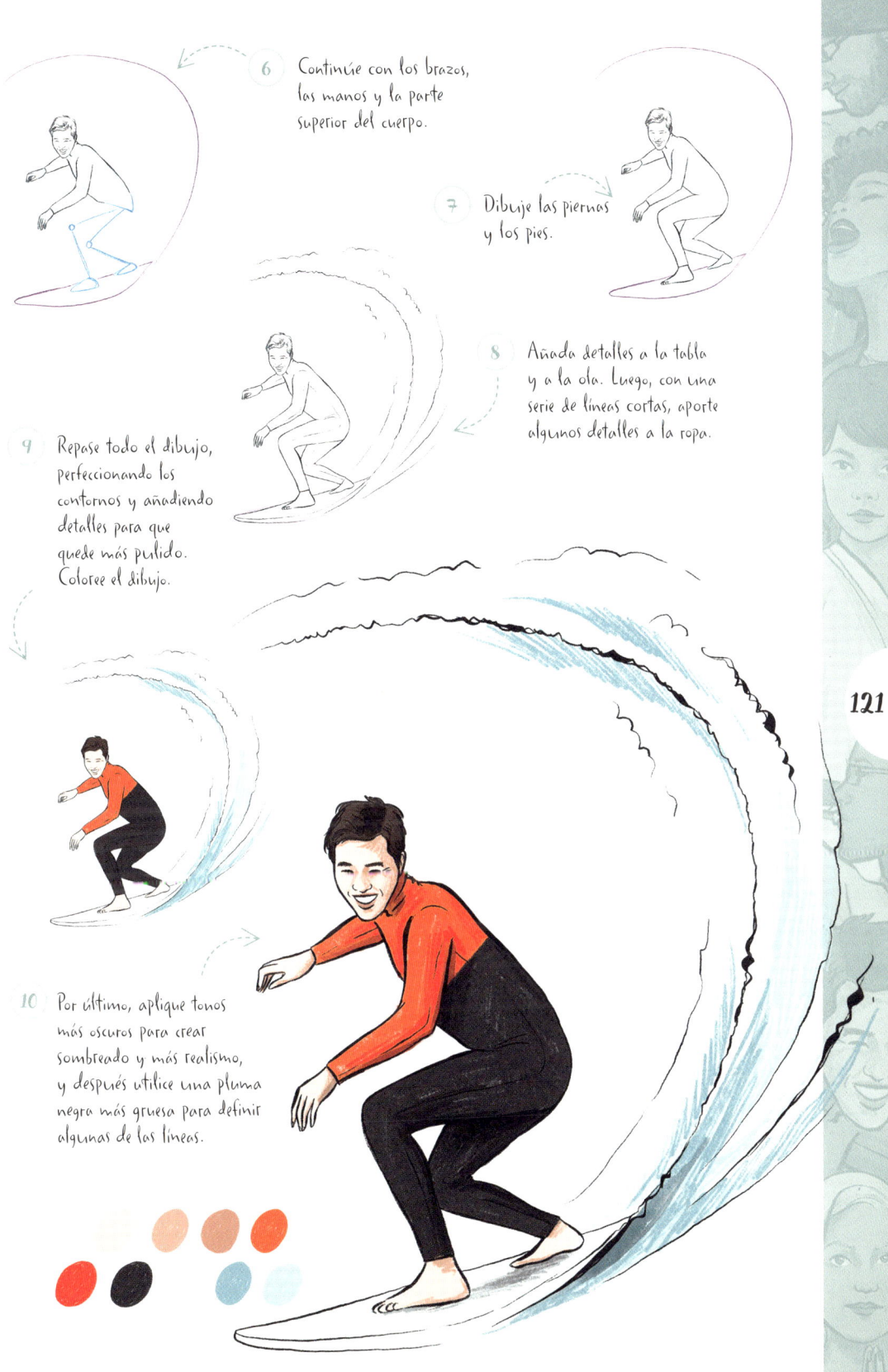

6 Continúe con los brazos, las manos y la parte superior del cuerpo.

7 Dibuje las piernas y los pies.

8 Añada detalles a la tabla y a la ola. Luego, con una serie de líneas cortas, aporte algunos detalles a la ropa.

9 Repase todo el dibujo, perfeccionando los contornos y añadiendo detalles para que quede más pulido. Coloree el dibujo.

10 Por último, aplique tonos más oscuros para crear sombreado y más realismo, y después utilice una pluma negra más gruesa para definir algunas de las líneas.

Esquiando

En este salto de esquí se refleja elegancia y potencia. Los ángulos del cuerpo, combinados con el equipamiento y la ropa, hacen de este un dibujo desafiante.

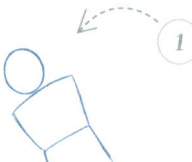

1 Empiece dibujando un óvalo a modo de guía para la cabeza. Debajo, inclinadas, añada las guías para la parte superior e inferior del torso.

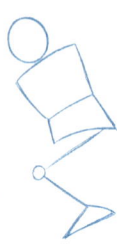

2 Esboce las líneas de referencia de la pierna izquierda de la figura, que está flexionada. Añada un círculo para la rodilla y una forma triangular como guía para la bota de esquí.

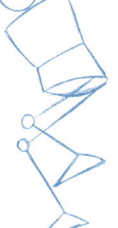

3 Dibuje la pierna derecha detrás de la izquierda y añada la rodilla y el zapato de esquí. Dibuje otra línea en la base del torso.

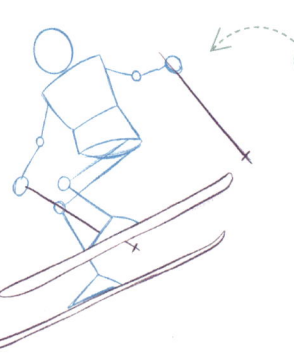

4 Dibuje líneas de referencia para los brazos, utilizando círculos para los codos. Añada óvalos para las manos. A continuación, dibuje las líneas de referencia para los esquís, que deben ser bastante largos y paralelos entre sí, y los bastones.

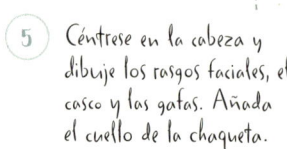

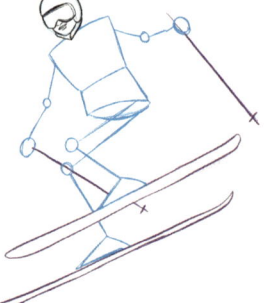

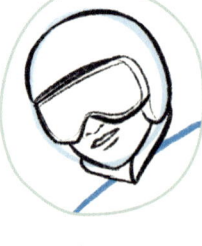

5 Céntrese en la cabeza y dibuje los rasgos faciales, el casco y las gafas. Añada el cuello de la chaqueta.

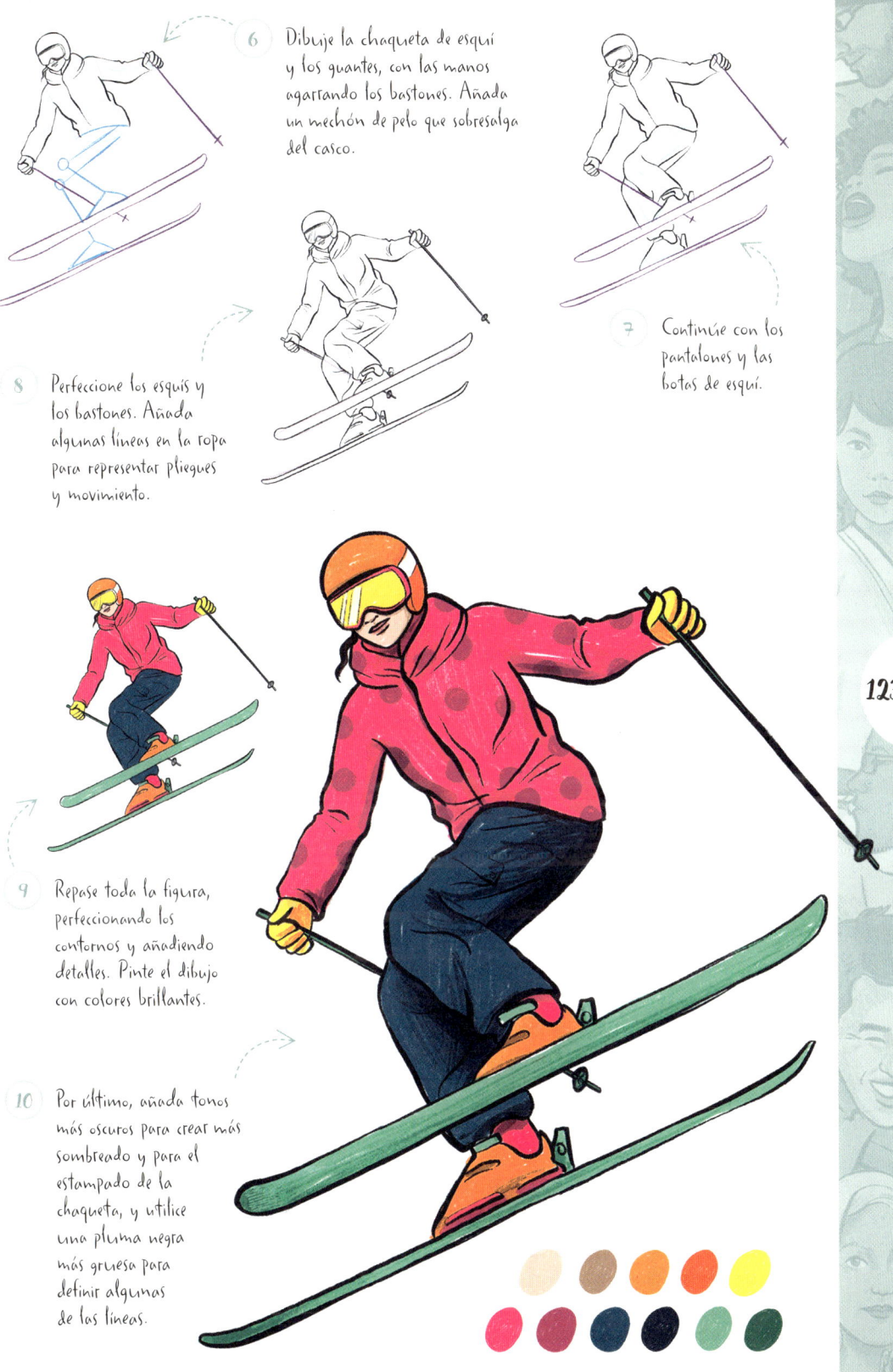

6 Dibuje la chaqueta de esquí y los guantes, con las manos agarrando los bastones. Añada un mechón de pelo que sobresalga del casco.

7 Continúe con los pantalones y las botas de esquí.

8 Perfeccione los esquís y los bastones. Añada algunas líneas en la ropa para representar pliegues y movimiento.

9 Repase toda la figura, perfeccionando los contornos y añadiendo detalles. Pinte el dibujo con colores brillantes.

10 Por último, añada tonos más oscuros para crear más sombreado y para el estampado de la chaqueta, y utilice una pluma negra más gruesa para definir algunas de las líneas.

Actividades populares
Corriendo

Los brazos y la expresión relajados de la figura muestran un trote firme pero fuerte.
El pie levantado y las líneas de la ropa ayudan a representar el movimiento.

1 Empiece dibujando un eje vertical dividido en seis segmentos iguales para facilitar la representación de las proporciones. Añada un círculo en el segmento superior a modo de guía para la cabeza y una línea corta debajo para el cuello. Fíjese en que están descentrados, hacia la derecha.

2 En los dos segmentos siguientes, esboce líneas de referencia para la parte superior e inferior del torso.

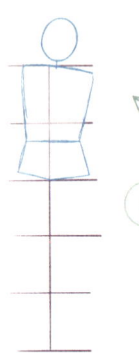

124

3 Dibuje líneas de referencia para las piernas. Como la figura está corriendo, una rodilla estará más alta que la otra y una pierna estará doblada hacia atrás. Añada círculos para las rodillas y para el pie izquierdo, y un óvalo para el pie derecho.

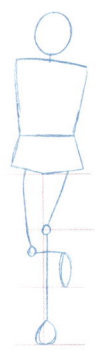

4 Añada líneas de referencia para los brazos y las manos. Ambos brazos están doblados por el codo y la mano derecha está cerca del cuello. Utilice círculos para representar los codos y las manos.

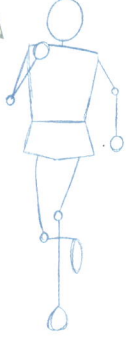

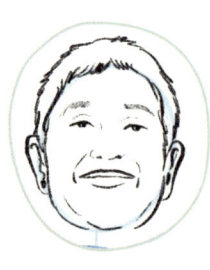

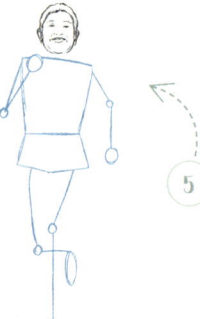

5 Trabaje en la cabeza de la figura: añada los rasgos faciales y las orejas y, luego, perfeccione la forma de la cara. Trace una serie de líneas curvas muy cortas para dibujar el pelo.

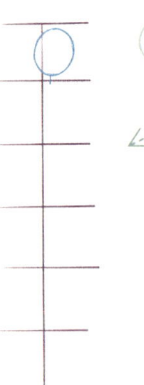

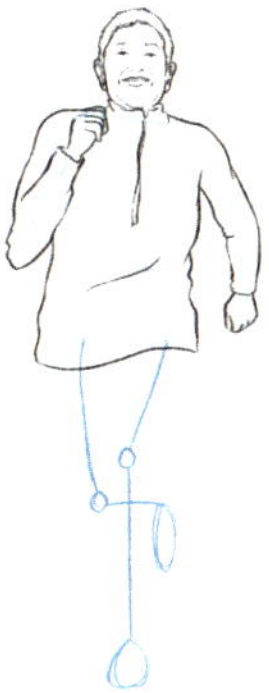

6　Ahora dibuje el jersey y las manos de la mujer. Añada líneas para representar los pliegues del jersey.

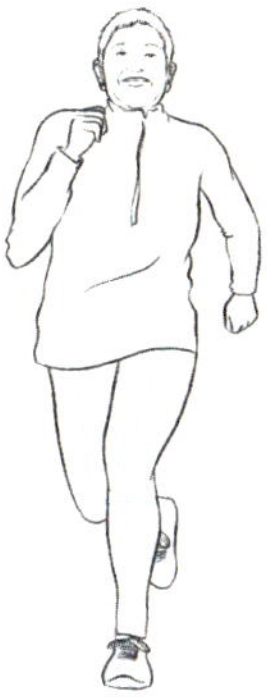

7　A continuación, dibuje las piernas. Tenga en cuenta que la pierna izquierda tapará algunas partes de la derecha. Añada las zapatillas.

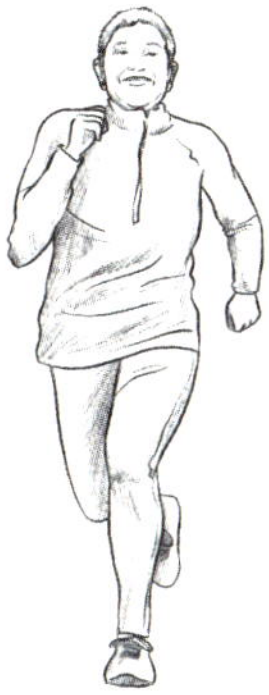

8　Aplique sombreado donde las sombras caerían de forma natural.

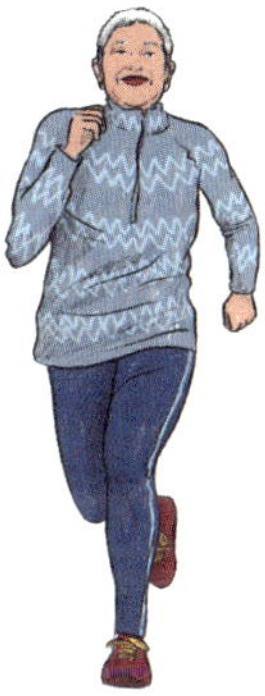

9　Coloree el dibujo. Puede crear un estampado en el jersey.

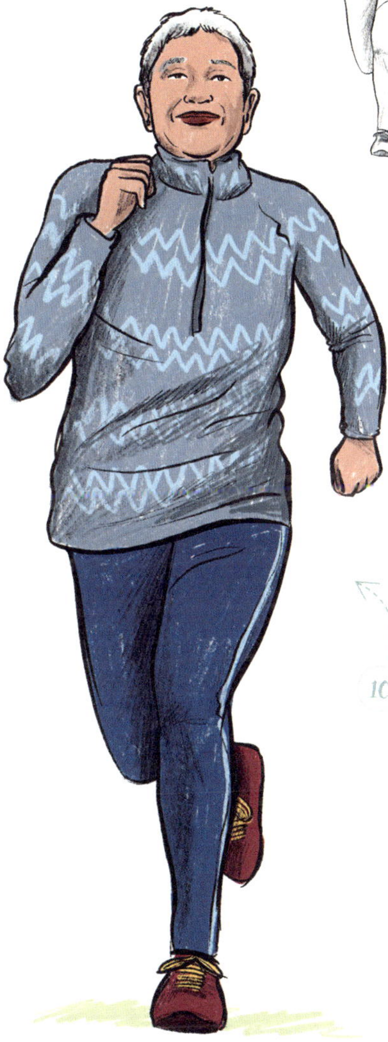

10　Utilice tonos más oscuros para crear más realismo y una pluma negra más gruesa para definir algunas de las líneas. Por último, añada unas líneas bajo el pie de la figura para representar el suelo.

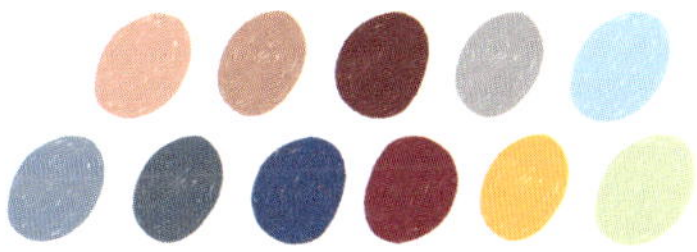

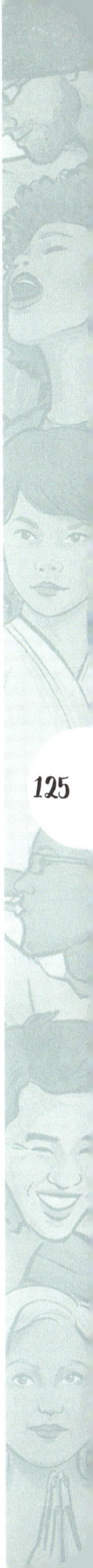

Tocando un instrumento

Se trata de una pose animada, en la que la posición alegre del personaje sugiere que está bailando al ritmo de la música que toca.

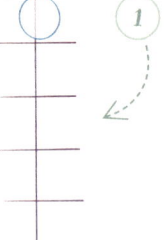

1 Empiece dibujando un eje vertical dividido en seis segmentos iguales para facilitar el trazado de las proporciones. Añada un círculo dentro del segmento superior como guía para la cabeza.

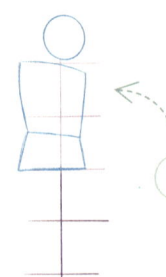

2 Trace guías para el torso en los dos segmentos siguientes.

3 Añada una línea corta para el cuello y unas líneas de referencia para las piernas: una ligeramente doblada por la rodilla y la otra completamente extendida. Añada círculos para las rodillas y óvalos para los pies. Fíjese en los diferentes ángulos de los pies.

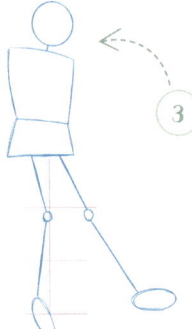

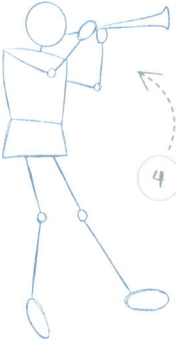

4 Dibuje líneas de referencia para los brazos, que están un poco levantados y flexionados. Añada círculos para los codos y óvalos para las manos, que están una al lado de la otra. Esboce la trompeta, con líneas que se extiendan desde la cabeza hasta aproximadamente la misma distancia que el pie izquierdo de la figura.

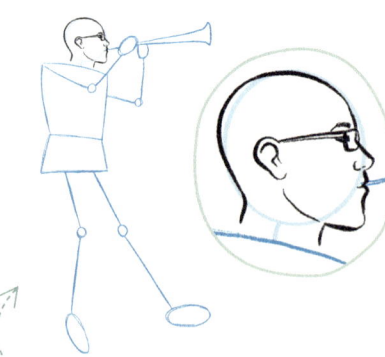

5 Perfeccione la forma de la cabeza y el cuello y, a continuación, dibuje los rasgos faciales y la oreja. Añada las gafas.

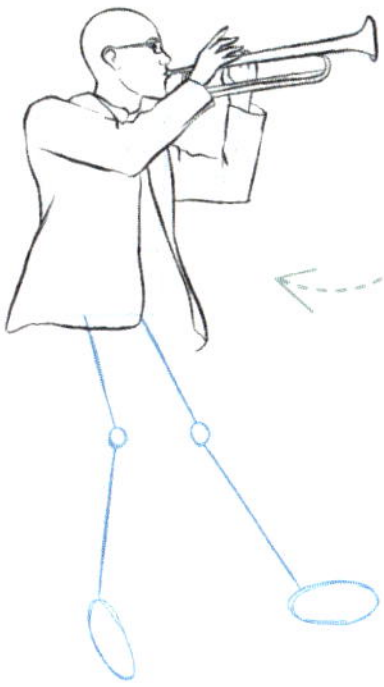

6 Dibuje la americana, añadiendo pliegues y arrugas. A continuación, dibuje las manos y la trompeta. Preste atención a la posición de los dedos alrededor de la trompeta.

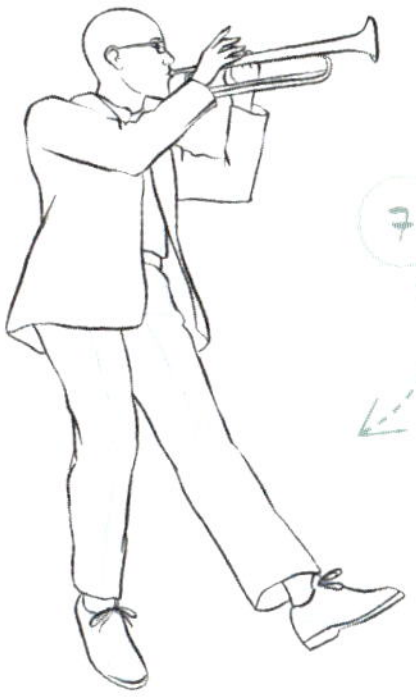

7 Continúe dibujando la camiseta debajo de la americana, los pantalones, los tobillos y los zapatos.

8 Ahora aplique sombreado a todo el dibujo.

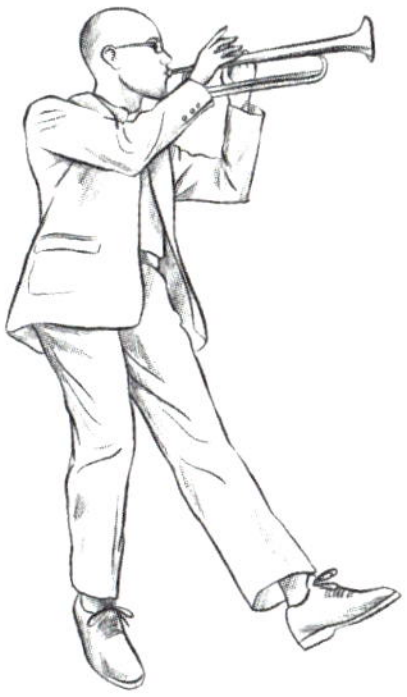

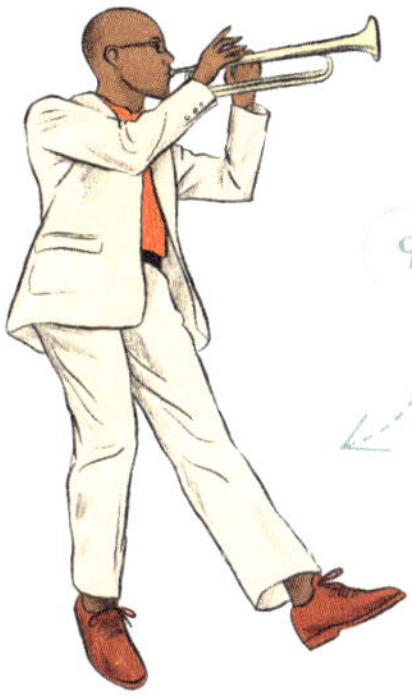

9 Repase toda la figura, perfeccionando los contornos y añadiendo detalles para que quede más pulida. Luego coloree el dibujo.

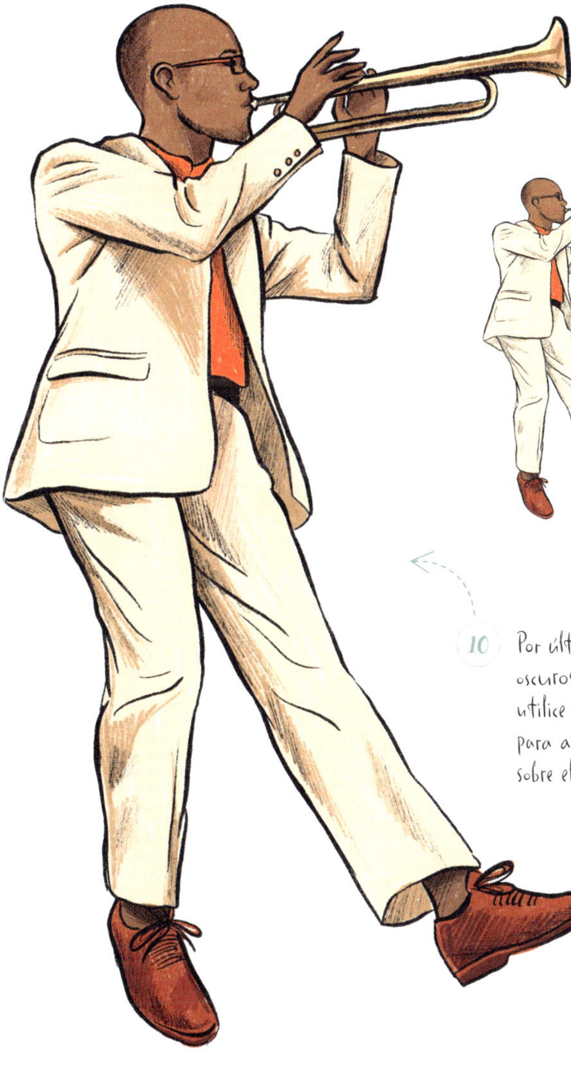

10 Por último, añada tonos más oscuros para dar más realismo, y utilice una pluma negra más gruesa para aplicar algunos trazos suaves sobre el dibujo.

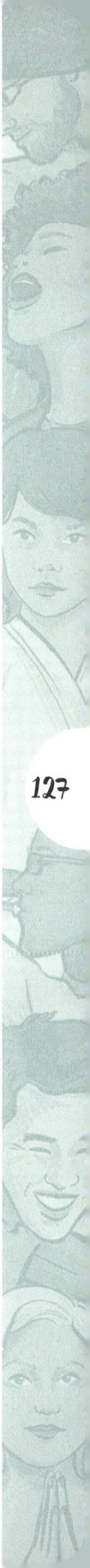

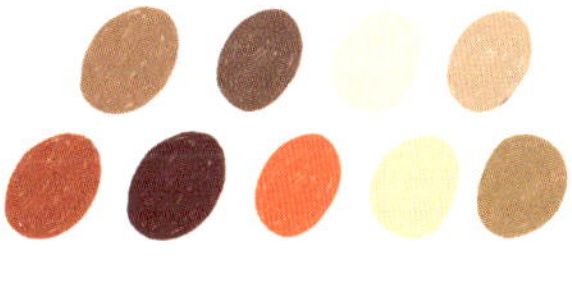

Acerca de la artista

Justine Lecouffe es una ilustradora francesa afincada en Irlanda. Lleva garabateando las aventuras de la vida desde que empezó a poder sostener un lápiz de color sin comérselo (la mayoría de las veces). Desde que dibujaba caricaturas de miembros de su familia a los cinco años hasta que se abrió camino ilustrando libros de texto, Justine sabía que estaba destinada a dedicar su vida al arte.

Lleva mucho tiempo trabajando en la serie *Dibujar en 10 pasos*, que acerca los temas más complejos a los artistas en ciernes.

Repletos de consejos y, por supuesto, tutoriales en 10 pasos tan fáciles de seguir como una receta de galletas, estos libros son los mejores compañeros para cualquiera que desee poner el lápiz sobre el papel y dar rienda suelta a su imaginación, y Justine está muy orgullosa de ellos.

Si quiere conocer su trabajo o compartir sus dibujos con ella, puede encontrar a Justine en: Instagram @justine_lcf.

Agradecimientos

Me gustaría dar las gracias a todos y cada uno de los que han escogido los libros de *Dibujar en 10 pasos*: *Personas*, *Objetos cotidianos*, *Caras*, *Animales adorables*, *Caballos y ponis*, *Gatos* y *Perros*, y se han embarcado conmigo en este viaje creativo. Su apoyo y entusiasmo significan mucho para mí, y me encanta ver su trabajo en las redes sociales. ¡No dejen de dibujar, de soñar y de contagiar el amor por los libros y el arte!

También quisiera reiterar mi inmenso agradecimiento al equipo de The Bright Press por ofrecerme esta fantástica oportunidad. Gracias por creer en mi trabajo y por su compromiso de fomentar la creatividad y el talento en el sector editorial.